JN098530

法学部生のための
法解釈学教室

森 光 [著]

中央経済社

はじめに

　新しい学問を始めることは，新しいスポーツを始めることに似ている。どのスポーツかで多少の違いはあるだろうが，大方のところは，まずは見学してそのスポーツの概要を知り，実際にいくらか体を動かし，見よう見まねで練習試合をやってみる。入門とはこういう流れになるのではなかろうか。

　本書は，法解釈学という一種のスポーツに似た実践的な学問分野に入門するための本である。もちろんあくまでも入門書である。この学問を始めたばかりの一年生を，何とか新人戦に出られるレベルにまで引き上げるというのが目標である。もちろん将来嘱望される期待の新人が現れたという先輩たちの評価は欲しいところであるが，一年生ながら全国大会優勝とか，プロレベルへの到達というところを目指しているわけではない。このレベルに到達するには，本書での練習を経たあと，憲法・民法・刑法・商法・行政法といった法律学の各分野での講義や演習でさらなる研鑽を積まねばならない。

　何事であれ，学ぶということは，単に知識を入れるにとどまらず，その知識を理解し，そして使いこなせるようになることを目指すものである。スポーツのルールや各動作についての知識を詰め込むだけでは試合に出られないのと同じである。ルールを学び，動作の基本を学んだ上で，実際にフィールドで練習し，ときに試合形式の練習を重ねることで学んだことを使いこなせるようになっていく。法解釈学でも，まさしくそうした練習が求められている。

　よく言われることであるが，こうした知識の修得は，らせん状に進んでいく。同じことを反復しながら，しかし少しずつレベルアップしながら練習することで技術は上達していく。本書の構成もそうした観点からつくられている。Ⅰでは，至極簡単な例（古典的な車馬通行止の例）を用い，法解釈の全体像をおぼろげにでも把握することを目指す。ここでは，法解釈という一連の作業を9つのポイントに分解した形での全体像を提示している。Ⅱでは，各ポイントについての個別的練習を行う。特に自分が苦手と思うところを中心に反復的に練習をしてほしい。大体，各動作ができるなと思ったところで，Ⅲに入ってほしい。ここでは，近年の最高裁大法廷の事件が取り上げられている。自分が最高裁の裁判官になったつもりで法適用を行い，他の裁判官たちに論戦を挑んでもらい

たい。IからⅢまでの練習を行うことで，法解釈学という学問の基本技術は身に付くはずである。それを踏まえて，法律学の各科目での学修へとつなげていってもらいたい。

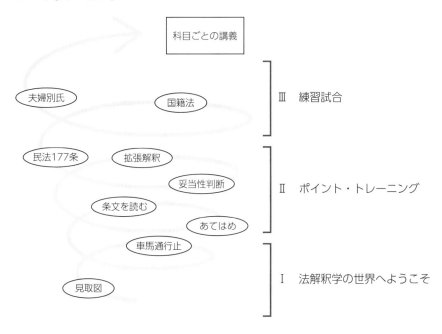

法解釈学上の技術をさらに向上させていくためには，実定法科目の学修の他にも，さまざまな学問分野の知見を自ら取り込んでいくことが必要になる。本書Ⅱ第9章で述べているように，法解釈の最後は，立法者意思，法目的，体系性，具体的妥当性という実質的基準への適合性が問題となる。このうち，立法者意思や体系性は法律学の枠内で提供される情報になるが，法目的や具体的妥当性についての判断は，それにとどまらない広い学識・教養・経験の存在を必要とする。哲学・社会学・政治学・生物学といった法学以外の学問領域にふれておかないと，ここでの判断を的確に行うことはできない。また，外国語も重要である。外国語を学ぶということは，文法というコードを意識的に使って頭を働かせることのよい練習になるが，ここで使う思考法と法解釈学で使う思考法はかなり似たところにある。また，法解釈学という学問自体がラテン語・フランス語・ドイツ語といった言語の中で培われてきたため，法解釈学における思考法は，こうした言語のもつ特性がかなりの程度で入り込んでいる。一般教

養，外国語，そして専門知識を総合し，それらの知見を法解釈学へと還元することを目指してもらいたい。

2023年1月

森　　光

目　次

II　ポイント・トレーニング

Ⅲ　練習試合

I

法解釈学の世界へようこそ

第1章

法解釈の見取り図

1．法適用とは何か

　法解釈学とは，その名称が示す通り，法解釈に関する学問である。それでは，法解釈とは何であろうか。これは法適用過程の中で行われる一つの作業である。まずは下図をみてもらいたい。

図Ⅰ-1-1

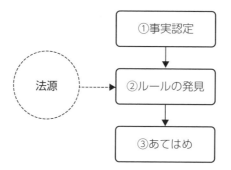

　この図が示すように，法適用とは，①事実認定，②ルールの発見，③あてはめ（包摂）という3段階の作業から成り立っている。法解釈とは，通例，この中の②と③の作業をあわせた作業を指す。つまり，一定の事実関係があることを前提とした上で，法によればどのような結論がでるかを考える作業が法解釈という作業なのである。

　通例，法学部（特に「法律学科」等の名称を冠する学部やコース）での勉強の目的は，この法解釈ができるようになることにおかれている。もちろん法学という学問は法解釈学に尽きるものではない。しかし法哲学や法史学といった基

礎法学を学ぶ上でも，法解釈という作業がきちんとできることは当然の前提といってよい。

　ところで法解釈という作業には，事実認定は含まれない。これは，伝統的に法学という学問（特に，大学法学部での勉学）が事実認定そのものには立ち入らないというスタンスをとってきたことに由来する。

2．法解釈の第一の作業—文字通りの適用

(1) 全体の見取り図

　それでは，法解釈という作業が何であるかを見ていくことにしよう。この作業を小分けすると，①文字通りの適用，②発展的な適用，③妥当性の総合的判断という3つの作業に分けることができる。

　まずは，その第一の作業をみていこう。第一の作業は，条文をあるがままに適用し，結論を出すという作業である。本書では，笹倉秀夫『法解釈講義』[1]にならって，これを「文字通りの適用」と呼ぶことにしたい。この作業は，いわば単純に，機械的かつ無批判的に，条文上に記されているルールをあてはめる（あるいは，包摂させる）というものである。

図Ⅰ-1-2

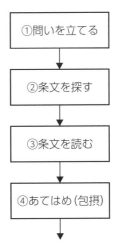

---

(1)　笹倉秀夫『法解釈講義』（東京大学出版会，2009年）。

この作業は，一見するとさほど難しくなく，専門的なトレーニングを必要とするような類いのものではないと思われるかもしれない。例えば，サークルの規約やマンションの管理組合の規約の条文の適用をする際のように，適用されるべき条文が限定されており，またその内容もシンプルであれば，そうかもしれない。しかし一国の法秩序にあっては，多数の，さらに多層的な法規範が存在しているし，条文の文言の意味が通常の意味とは違う特殊な意味をもつことも多いので，一定程度のトレーニングは必要不可欠である。また特に大事なことは，法適用のプロセスをきちんと文章で書くことである。これは，適切に適用がされているかを，他の人があとから検証できるようにするためである。

(2) 問いを立てる

すべては問いを立てるという作業から始まる。自分がこれから何について考察するのか，その考察対象をはっきりさせることは法解釈学に限らずあらゆる学問的作業の出発点といってよい。

法解釈学にかかわる問いは，多くの場合，事例から出発する。例えば，自分が弁護士として，依頼人から事実関係についての説明を受けている場面を想像してほしい。ここで依頼人が説明している事実関係から，依頼人が望んでいるような結果を裁判を通じて実現できるかを考えることになるだろう。例えば，依頼人が言うには，その人は友人に車を売ったのだが，友人がお金を払ってくれなくて困っていると言ったとしよう。このとき，この主張が法的に通るか否かをあなたは考えなければならない。

問いの立て方の基本型は，①誰が，②誰に，③何を，④何を根拠に，請求するかである。この中の④何を根拠，には次のステップの作業となる。上にあげた例でいえば，「誰が」は，「依頼人が」となる。「誰に」は「友人に」となる。「何を」は「車の代金を」となる。以上をまとめると，「依頼人は友人に車の代金を請求することができるのか」というのが問いということになる。

この例でみる限りさほど難しいことはでないだろう。しかし，大事なことは，こうした作業を意識的に行うことなのである。そうでないと，後で文章化することが難しくなる。

(3) 条文を探す

問いを立てたら，次に条文を探さねばならない。立てた問いにYes，Noで答

えることができるような条文を探すのが次の作業となる。

　Google検索のようなインターネット検索システムでこの作業を代用することはできない。この作業にあたっては，一定程度の知識が必要となる。さしあたりは，『法学入門』[2]等の入門書に書かれている，法分野の全体像についての見取り図的な知識が必要である。つまり，公法，私法，刑事法の区別がわかっていなければならない。また，さらに各分野がどのように区分されているかの知識も必要である。こうした知識の力を借りて，関係する法律に辿りつき，そしてその中のどの条文が問いに関係しているかをつきとめなければならない。

(4)　条文を読む

　条文が特定されたならば，次にこれを読むという作業を行うことになる。ただ，読むといっても，読み方はちょっと特殊である。条文を読むという作業は，次の2ステップ（ないしは丁寧にするとなると，3ステップ）を踏む必要がある。

　条文を読む第一ステップは，ここから要件・効果を読み取るというものである。どういう条件がそろったらどういう法的効果が発生するとしているのか，この情報を条文から読み取るのである。

　第二ステップは，フローチャート化である。慣れてくれば第一ステップだけで事足りるのであるが，はじめのうちは，図解の力を借りた方が間違いなく正確な読みが可能となる。例えば，民法709条をフローチャート化すると次のようになる。

図 I - 1 - 3

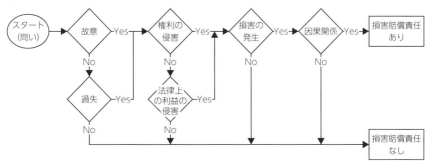

---

(2)　永井和之・森光編『法学入門〔第4版〕』（中央経済社，2023年）。なお，本書において『法学入門』を，同書の略称とする。

第三ステップは，条文の中で使われている用語の定義を明らかにするという作業である。法律の用語は，読む人が好き勝手な意味で理解していいものではない。各用語が何を意味するのかについては，共通了解が形成されている。その共通了解に従って定義を明らかにしなければならない。

(5)　あてはめ（包摂）

「読む」という作業がきちんとできていれば，あてはめ（包摂）はさほど難しいものではない。特にフローチャートを書いていれば，もっと容易になる。要するに，フローチャートを辿っていけばよいのである。

　例えば，民法709条の適用が問題になった場合には，先ほどのフローチャートに従い，故意があったか，なかったとしたら過失があるのか，権利の侵害はあるのか，損害の発生はあるのか，因果関係はあるのかについて判断を行っていけばよい。そして，その判断過程を文章化するのである。

3．法解釈の第二の作業―発展的な適用の必要性

　文字通りの適用の結果，何らかの結論がでてくる。多くの場合，法解釈はここで終わる。しかし，とりわけ大学での法学部の勉強においては，これで法解釈が終わるわけではない。むしろこれからが本番といってもよい。というのも，法解釈学という学問は，文字通りの適用の結果でてきた結論が妥当といえるかを吟味し，これが妥当ではないと評価されるならば，条文の読み替えをはかり，妥当な結論がでるように法秩序を少しつくりかえるという提案を行うことこそをその使命とするものだからである。

　法律の条文を読み替えるということは許されていないと思う人もいるだろう。しかし，法律学を勉強していると，結構，そういう読み替えが必要な場合が多いことに気づかされる。もちろん実生活を送る上でそうした機会にでくわすことはさほど多くないかもしれないし，法律家として働いていてもそう頻繁にあるわけではないだろう。しかし，普通ではない事態が起きたときにそれに的確に対応できる能力こそが専門家には求められている。例えば，今日の飛行機はほとんどがオートパイロットで飛ばすことができる。難しいとされる着陸すらオートパイロットで可能である。それでは，オートパイロットの操作ができればパイロットは務まるのであろうか。そんなことはないことは自明であろう。オートパイロットが機能しなくなったとき，飛行機が故障したときに即座に自

ら操縦して安全に飛行機を着陸させることができる能力がパイロットには求められるのである。これと同じことが法律の世界にもいえる。専門家というものは，法律の条文の単なるあてはめでは適切に対処しきれないとき，的確に条文の読み替えをはかり，適切な結論がでるようにしなければならないのである。本書では，こうした目的で行われる読み替えの作業のことを「発展的な適用」と呼ぶことにしたい。

　しかし，いったい出てきた結論が妥当ではないとはどういうことなのか。この点については，次で述べるとして（これが次記の第三の作業である「結論の妥当性の総合的判断」である），まずは，妥当ではないとの判断がなされたとき，発展的な適用として，どういう方法が使えるのかについてみることにしよう。

　ここで用いられる方法は，次のように5つに分けることができる。

図Ⅰ-1-4

　これらのそれぞれどういうものであるかの詳細は，Ⅱで説明する。簡単にいえば，ここにいう「読み替える」とは，条文の文言を普通の意味より広めの意味で理解したり（拡張解釈），狭めの意味で理解すること（縮小解釈）することである。「書かれていない意味を読み取る」とは，反対解釈・類推解釈といった方法でもって，条文の文言が示すところ以外に適用していくことである。「削除する」というのは，違憲審査権を行使する形で条文を無効とすることである。これとは逆に「追加する」とは条文の文言上は存在しないルールを補うことである。こうした技法を必要に応じて使い分け，妥当な結論が出せるよう操作することが発展的な適用の段階では求められる。

　しかし，どの技法を使うのが適正ということになるのであろうか。これも次の第三の作業にかかわる。

4．法解釈の第三の作業―妥当性の総合的判断

　どういうときに，文字通りの適用で終わらずに発展的な適用に進むのであろ

うか。また発展的な適用の中のどの方法を選べばよいのだろうか。それを決める判断が法の解釈における第三の作業，すなわち結論の妥当性の総合的判断である。

　例えば，弁護士としてクライアントの利益を図るための行動をしているときであれば，さしあたりクライアントの利益の実現に沿うかどうかということが，ここでの判断の実質的根拠になるだろう。つまり，文字通りの適用の結果によってはこの利益が守られないのであれば，発展的な適用に進み，またそこで用いられるテクニックのうちでクライアントの利益を最大化できるものが適切な手段ということになろう。しかし，利益に沿うものであれば何でもいいというものではない。その後，裁判に進んだときに裁判官を納得させることができるものでなければ意味がない。それでは，裁判官は，どういう実質的根拠でもってこの判断，つまり文字通りの適用で終了するのかどうか，あるいは発展的な適用の中のどのテクニックを使うべきかを決めるのであろうか。

　ここでの判断の根拠となるものとしては，概ね次の5つがあげられる。すなわち，①憲法，②立法者意思，③法律意思，④体系性，⑤具体的妥当性である。

　憲法は国の最高法規であり，憲法に反するような結論がでてくる解釈には妥当性はないことはいうまでもない。

　立法者意思とは，その名が示す通り，立法者が考えていたことを意味する。条文を作るにあたって，その草案を起草した人，そして法案を審議し，議決した人が考えていたことが立法者意思である。

　法律意思は，その条文が現在において持っている目的のことである。これは，その法律全体の体系から論理的に明らかにされるものである。立法者意思と似ているが，通例この法目的が何かが問題になるのは，立法者意思が何であるか特定できない場合，あるいは立法者意思に従うと適切な解決ができない場合である。

　体系性とは，その法律や法秩序全体と調和していることを意味する。

　裁判というものは，そもそも目の前にある事件の適正な解決をするための場である。そのため，こうした解決を可能にするような解釈こそ妥当な解釈であるということができる。具体的妥当性とは，ここでいうその事件の解決としての妥当性のことを言っている。ただ注意を要するのは，その事件だけを解決できればいいというものではなく，同種の事件が今後生じた場合における解決としても妥当といえるものでなければならない。

図 I-1-5

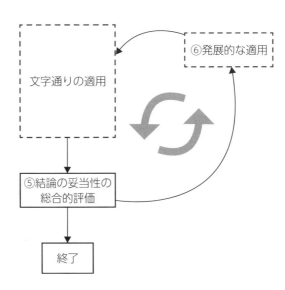

5．まとめ（本書で学んでほしいこと）

本章で述べてきたところ全体をまとめて図解すると次の通りとなる。

図 I-1-6

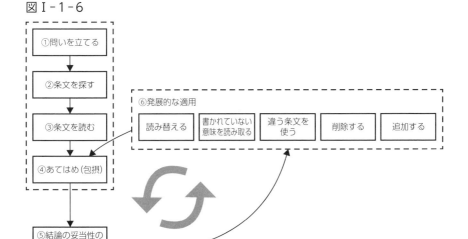

　本書は，この全体像で示された法解釈が自分でできるようになることの手助けをすることを目的としているものである。もちろん，本書はあくまでも入門であり，本格的には，憲法学・民法学・刑法学等での学習をまたねばならない。しかし，法解釈の方法は，少なくともその基本部分は領域を超えた共通性があるのであって，まずはその基本部分を学ぶことは，各科目の勉強にスムーズに入っていくためにも必須であるといえる。

　本書は，読者が自分で法解釈をやってみるという点を重視している。この点については，田中成明教授の次の言葉が実にその必要性を実に的確に表現しているので，その文章を引用させてもらうことにする[3]。

　　　法律学を学ぶにあたって重要なことは，法律の条文や判例・学説などの細かなことをあれこれ覚え込むことよりも，法的なものの考え方，いわゆるリーガル・マインド（legal mind）を身につけることだ，とよく言われる。たしかに，法的思考の核心は，法律の条文や判例・学説についてのたんなる専門的知識ではなく，このような知識を個々の具体的特殊的状況のなかで正義の実現のために用いる知恵であり，実践知（賢慮）の本領もここにみられる。けれども，このような法独特のいわばプラス・アルファ的判断能力は，碁や将棋が強くなるためには，そのルールや定石を一応知っているだけでは足りず，それらを臨機応変に活用する腕を実戦や研究によって磨く必要があると同様に，結局，自分であれこれと苦労して実際に勉強し体験して学びとるほかない。このことは，よかれあしかれ，実践知としての法的思考の宿命である。

　法学とは「このような知識を個々の具体的特殊的状況のなかで正義の実現のために用いる知恵であり」，まさしくそうであるからこそ，法学を学ぶ者は，「自分であれこれと苦労して実際に勉強し体験して学びとるほかない」のである。この体験して学びとるということを自分でやってみる手助けとして本書を活用してもらいたい。

(3)　田中成明『法的思考とはどのようなものか：実践知を見直す』（有斐閣，1989年）ⅰ頁。

第2章

「車馬通行止！」

　第1章では，法の解釈という作業の全体像を説明したが，その説明は抽象的なものであり，具体的イメージがいま一つつかめなかったのではなかろうか。そこで，本章では，架空の設例を用いて改めて前章の内容，つまり，法解釈の全体像を説明することにする。

1．設例の説明

　小さな川のほとりに「車馬通行止」と書かれた高札が立っている。その先には，木製の古くて頼りなげな橋がかかっている。この橋にいろいろな人や動物がこれからやってくるのだが，こうした人・動物を通行させてよいのだろうか。自分が，この高札の前に立ち，この「車馬通行止」という文言を適切に解釈し，ここにきたモノを通行させるか，あるいはその通行を禁止するかを判断するという任務を担わされていると想定しながら読み進めてもらいたい。

図Ⅰ-2-1

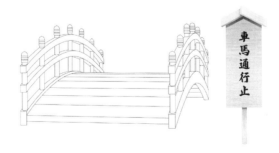

　さしあたり，この「車馬通行止」が条文であると考えてほしい。条文を読む

という作業では，まずは要件と効果に整理することが求められる。「車馬通行止」という文言は，条文としては，やや非現実的に簡潔に書かれてすぎている感はあるが，そこはご容赦いただきたい。

　この「車馬通行止」が何を意味しているかは多言を要しないであろう。すなわち，通行しようとしているモノ（X）が車または馬である場合，そのモノを通行させてはならないということを意味している。つまり，要件は，Xが車または馬である。効果は，Xを通行させてはならないとなる。

　この要件・効果は単純ではあるが，その内容をはっきり理解するためには，フローチャート化することをお勧めする。これを，フローチャート化すると次のようになる。

図 I-2-2

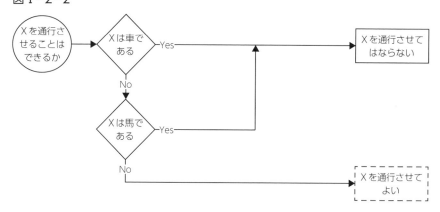

　このフローチャートに従い，これからやってくるモノを通行させてよいかどうか判断してもらいたい。前章で述べたように，法の解釈にあたっては，単に判断するだけではなくその判断のプロセスを文章化することも必要である。文章化の方法・マナーについては，改めて後で説明するが，まずは自分で試行錯誤的に書いてみてもらいたい。

2．文字通りの適用

　まずはじめに，引っ越し荷物を満載した軽トラックが現れた。この軽トラックを通行させることはできるのだろうか。フローチャートに従って考えていくと，この軽トラックが文言上の「車」にあたるかどうかが問題となる。

　この問題は，直観的にすぐに肯定できそうな気がするが，今後の複雑な問題処理にも対応できようにするため，丁寧に一歩一歩作業を進めていくことにしたい。

　条文の適用にあたっては，そこにある文言の定義を明らかにすることが求められる。つまりここでは「車」の定義を明らかにしなければならない。いろいろな法律を見渡してみても，「車」の定義はなかなか見当たらないが，道路交通法に「車両」の定義ならある（第2条第1項第8号）。それによると，「車両」とは，「自動車，原動機付自転車，軽車両及びトロリーバスをいう」とある。

　ここで問題になるのは，もちろん，この内の「自動車」である。それでは，「自動車」の定義は何か。これについては，同9号にある。それによると「自動車」とは「原動機を用い，かつ，レール又は架線によらないで運転する車であつて，原動機付自転車，軽車両及び身体障害者用の車椅子並びに歩行補助車，小児用の車その他の小型の車で政令で定めるもの（以下「歩行補助車等」という）以外のものをいう」とある。

　軽自動車はここにいう「原動機を用い，かつ，レール又は架線によらないで運転する車」に文句なしで該当し，かつ歩行補助車等にはあたらない。したがって，軽トラックは「自動車」であり，「自動車」は「車両」であるので，軽自動車は「車両」であるということになる。

　ここでは「車」は「車両」であるという前提で考えているので，「車両」である軽トラックは「車」にあたるということになる。そうであれば，要件を充足するので，この軽トラックを通行させてはならないという効果が生じることになる。

　この例は直観的に結論がでるものではある。しかし，法の解釈をするにあたっては，そのプロセスが正しくなされているかを検証可能な形で文章化することも必要である。そのためには，条文を読む（要件・効果を明らかにし，フローチャート化し，定義を明らかにする）という作業を一歩一歩意識的に辿ることが必要なのである。

3．発展的な適用

(1)　三輪車
①　まずは文字通りの適用をやってみよう
次にピカピカの三輪車に乗った女の子がお父さんと一緒にやってきた。女の

子自身やお父さんを通行させてよいということは疑問の余地はないだろう。ここで問題になるのは三輪車である。女の子は買って貰ったばかりのこの三輪車に乗ったまま橋を渡ろうとしているのだが，そのまま通行させてよいのだろうか。

　まずは先ほどの例にならい，高札の文言の「車」は「車両」を意味するものとして考えていこう。上でみた道交法2条1項8号の車両の定義の中にでてくる「軽車両」の意味がここでは問題になる。道交法2条1項11号によると「軽車両」とは，「次に掲げるものであつて，身体障害者用の車椅子及び歩行補助車等以外のものをいう。イ　自転車，荷車その他人若しくは動物の力により，又は他の車両に牽引され，かつ，レールによらないで運転する車（そり及び牛馬を含む。）」を意味する。ここでは，この中の「自転車」に当たるかどうかが問題になる。

　この「自転車」が何かであるが，これについては，第2条1項第11号の2に「ペダル又はハンド・クランクを用い，かつ，人の力により運転する二輪以上の車」とある。この定義であれば，三輪車は「自転車」ということになる。「自転車」は「軽車両」であり，「軽車両」は「車両」なので，三輪車は「車両」ということになる。ここでは「車両」が「車」であるとして考えているので，三輪車は「車」にあたることになる。そうなると，三輪車は通行させてはならないという結論がでてしまうことになる。

　このような判断を女の子とお父さんに伝えたらどうなるだろうか。当然予想されることですが，女の子は大泣きするだろう。また，お父さんとしても，「三輪車が『車』に当たるのはおかしいだろ」と食って掛かってくるのではないだろうか。「機械的ではなく，もっと頭をつかって的確な判断をしろ」と言われるかもしれない。こういうときはどうすればいいのであろうか。

　②　「車」とは何?

　三輪車を通らせないという判断，やはり何かおかしい。その判断についての詳細は下で述べるとして，これはやはりおかしいという前提で話を進めることにする。こういうときに，前章で説明した「発展的な適用」を行うことになる。そのための技法として，次のものがある。

⑴　条文の文言の意味を少し変えて読む（拡張解釈・縮小解釈）
⑵　条文にははっきり書かれていない意味を読み取る（反対解釈）

(3) 類似性を理由として，別の事項について規定する条文を用いる（類推解釈）

(4) 条文を削除する（違憲審査権の行使）

(5) 補充的に新たなルールを創造する（条理の適用）

　ここではこの中の(1)についてみていくことにするが，その前に，言葉というものについてすこし寄り道をして考えてみたい。

　「車」について国語辞典をみてみよう。ここでは，『日本国語大辞典〔第二版〕』（小学館，2003年）を引いてみる。驚くべきことに，「車」には実に14個もの意味があがっている。その中には「くるまえび（車海老）の略」というまったく今回の問題とは関係のないものもある。この種の一見して明らかに関係のないものを除くと，次の意味をここであげることができる。

(1) 車輪をまわして，動かしたり進めたりするようになっている乗物や運搬具。

(2) (1)のうち，特に時代による特色のあるもの。

　(イ) 中古・中世では特に，牛車（ぎっしゃ）をさす。

　(ロ) （「俥」とも書く）明治時代では，特に人力車（じんりきしゃ）をさす。

　(ハ) 現代では，特に自動車をさす。

　この辞典の説明は，なかなかうまくまとまっている。(1)の意味の「車」とは，要するに，乗り物全般のことである。この意味によれば，三輪車も当然「車」に含まれる。ところが(2)の意味によると，現代にあっては，「車」は特に自動車のことを意味することになる。例えば，友達に「明日，車だしてくれない」とメールするとき，双方が暗黙の内に念頭に置いているのは，通常は，四輪の原動機のついた自動車のことを指しているだろう。こうしてみてくるとわかるように，三輪車は(1)の意味での「車」にはあたるが，(2)の意味の「車」にはあたらないということになる。これを別の観点からいうと，(1)の意味の方が広く，(2)の意味の方が狭いということになる。この例からわかるように，言葉というものは，しばしば，広めの意味（広義）と狭めの意味（狭義）を持つ。

　また，上記に引用した辞典が「特に」という言葉をしばしば使っていることにも注目してもらいたい。つまり現代で「車」といえば「特に」自動車を指す。

これは，この意味での「車」とは，もっとも典型的には自動車のことを指すといっているわけである。これはあくまでも典型例が自動車なのであって，自動車だけが「車」であるといっているわけではない。この意味での「車」であっても，自動車の周辺に，自動車みたいな乗り物があることも暗に示しているといえる。例えば自動二輪車とか，電動スケートボードみたいなものがこれにあたるだろう。つまり，言葉は，典型的な意味と派生的な意味をもつものなのである。

　このように言葉というものは，元来，広義・狭義というものをもつものであるし，その内部でも典型的なものと派生的なものを持つ。さらに，時代によっての意味の変遷，つまり「車」は，昔は典型的に牛車を意味していだが，それが人力車を意味するようになり，自動車を意味するようになるという変遷も生じる。

　言葉はこのような広がりや歴史というものをもつ。ところが，法律の世界（特に近代になり体系的な法典をつくるようになってからが顕著である）では，一義的な明確性を人工的に作り上げている。また，時代の変遷を無視して（あるいは，それに応じた柔軟な変化を怠ることで）存在し続けるという現象もしばしば起きる。その結果，条文の適用が困難になることが生じるのである。つまり，言葉の本来的な性質を無視した人工的な世界をつくりあげているところに条文解釈の面倒くささが生じる一因があるといえる。

③　三輪車についての発展的な適用をしてみよう

　女の子の三輪車に話を戻す。先ほどから問題になっているのは，三輪車が「車」にあたるかである。この判断を行うためには，「車」の定義を確定させる必要がある。車という言葉には広義・狭義があり，またそのそれぞれにあっても典型的な意味，派生的な意味があること，さらに歴史的にこの言葉の意味が変遷することは百も承知であるが，現代の法律学にあっては言葉の現在の意味を一義的に確定するところから始めなければならない。そうすると，やはり，国語辞典の意味よりも，道交法のいう「車両」が「車」であるという形で出発せざるを得ない。そうすると，三輪車は「車両」ということになり，「車馬通行止」という文言を文理解釈[1]すると，三輪車の通行は禁止しなければならないという結論がでてしまう。しかし，この結論はおかしいということで，こ

---

(1) 『法学入門』第5章第3節2(2)。

この「車」の意味の読み替えをはかることになるのである。

　この規定は，そもそも木製の古い橋を守ることがその目的であったとみてよい（つまり重量物が橋を通過することで橋が劣化することを防ぐため）。そうすると，三輪車の通行を禁止する必要はないはずである（ここで行っていることが，前章でみた法の解釈の第三の作業の妥当性の総合的判断である。この判断の仕方については，後述する）。

　ここで，「車」の意味の読み替えをはかるという技法を用いる。つまり，大雑把にいえば，ここでいう「車」は確かに道交法上の「車両」ではあるものの，正確にいうと，「車両」よりもやや狭いものを指すという形に読み替えるのである。道交法の言う「車両」であっても，橋を劣化させる怖れのないような軽量な車両はここでいう「車」には含まれないという形に，「車」の意味をやや狭めに解釈するという方法を用いるのである。ここで用いている技法が縮小解釈と呼ばれるものである。

　この縮小解釈を行うと，三輪車の通行は禁止されていないという結論を導くことができた。これにより，ようやく女の子は笑いながら三輪車をこいで橋を渡ることができたのであるが，果たして，このような結論はこれでよかったのであろうか。この結論の妥当性についても，法解釈の第三の作業，すなわち総合的な判断が必要である。これについては，後述する。

(2) 牛・鹿

　続いて，牛と鹿を連れた人がやってきた。この牛や鹿を通すことはできるのであろうか。高札の文言上は「馬」の通行が禁止されている。牛や鹿はどうみても「馬」ではない。つまり「馬」を文理解釈すれば，牛・鹿は通行させてもよいということになる。

　これはおかしいのではと思うかもしれない。そうすると，発展的な適用を行うことになる。そこで「馬」という言葉の読み替えを行い，先ほどとは逆に「馬」という言葉を広めにとる（つまり「馬」を拡張解釈する）ということを思いつくかもしれない。しかし，「馬」をもっとも広義にとり，ウマ科の動物と解してみても，ロバやシマウマならともかく，牛や鹿が「馬」であるとはいえない。それではどういう技法を用いたら牛や鹿の通行を禁止することができるであろうか。

　ここで用いられるのが類推解釈という解釈技法である。類推解釈とは，Xと

いう事項についての規定がない場合にあって，Yについての規定を，XとYとの類似性を理由に適用する解釈のことをいう。つまり，類似性を理由として，別の事項に関する条文を引っぱってきて使うというテクニック（解釈技法）なのである。

　今回の例でこれを用いるならば，馬と牛・鹿は類似していることを理由として，馬についての規定を牛に類推して適用し，牛・鹿の通行を禁止するという結論を導くことが可能となる。

　ところで，この類推解釈を行う場合，フローチャートには大幅な修正が加えられていることになる。下に掲げるように，点線の部分が書き加えられた形になる。このようにフローチャート化すると一目瞭然なように，類推解釈を行った場合は，実質的には条文上にはないルールを作り足しているのである。

図I-2-3

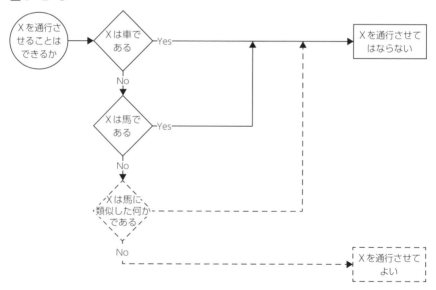

4．妥当性の総合的判断

(1)　全体的な説明

　ここまでの内容を簡単に振り返っておこう。ここまで，トラック，三輪車，牛・鹿という例をとりあげてきた。こういうものの通行が認められるかどうか

を「車馬通行止」という文言に照らして判断をすることが求められた。まずは，文字通りの適用をしてみると，トラックは通行してよい，三輪車は通行不可，牛も鹿も通行してよいという結論がでた。三輪車の通行不可という結論はおかしいのではないかとして「車」を縮小解釈したり，逆に牛・鹿の通行可という結論はおかしいのではということで類推解釈という技法を用いてそれぞれの結論を逆にするということをしてみた。しかし，ここでのこうした判断は妥当といえるのだろうか。三輪車の通行不可という結論はどういう点でおかしいのだろうか。縮小解釈という技法を選択し三輪車の通行を可能とする結論を出したことは妥当といえるのだろうか。また，牛・鹿の通行可という結論はおかしいという判断は妥当なのか，そして「馬」を類推解釈してこの両者を通行可とした結論は妥当なのか。こうした妥当性の総合的判断（つまり，前章でいうところの法解釈の第三の作業）についてここではみていくことにしたい。

こうした総合的判断は，いったい何に照らして行わねばならないのだろうか。直観的には，出てきた結論がどこかおかしいなと感じることはできるし，その直観的判断は，多くの場合，適切なものであることが多いのであるが，「なんとなく変」とか「違和感がある」というような感触を語るのでは不十分である。そうではなく，「かくかくしかじかの理由でこの結論は妥当ではない」というような形で言葉で説明できる形で自らの判断の理由を展開できなければならない。それは，法適用の在り方についての透明性を確保し，多くの人がよりよい法の在り方について共同で議論し，法制度を改善していくために絶対に必要なことである。そのためには，予め妥当性の規準として承認されている規準に自らの判断が合致していることを示さねばならない。その規準として，前章では，次の4つをあげた。①憲法の枠内に収まっていること，②立法趣旨（立法者意思），③法律意思，④体系性，⑤具体的妥当性，以上の4つである。

車馬通行止の例で有用なのは，この中の③である。車馬通行止が掲げられた目的は何なのであろうか。この橋は木製で古いものであり，重量物を通行させると劣化が進んでしまう。この状況を踏まえると，橋のさらなる劣化を防ぐことこそがこの高札が作られた目的とみることができる。このような法目的を規準とするならば，老朽化した古い橋を守るという目的という観点からみて，上で出した結論が妥当かどうかを判断するということになる。

(2)　三輪車

　古い橋を守るという目的からすると，三輪車に関しては，通行が許されている人間よりも軽い三輪車を通行させないのはやはりおかしいということになる。この目的からすれば，三輪車の通行を禁止する理由はないのである。そして，「車」を縮小解釈し，三輪車の通行を許可した判断は，橋を守るという法目的に合致した判断であると評価できる。

(3)　牛

　次に牛について考えてみよう。牛の通行を許可するという判断は目的からして妥当といえるのだろうか。あるいは，牛と馬とが類似するとして類推解釈により牛の通行を禁止するという判断は妥当なのだろうか。

　こうした判断にとって意味をもつのは，やはり重量である。一口に馬といっても，いろいろな種があり，種によって重量も千差万別である。競走馬として使われるサラブレッドは大体450キロから500キロぐらいである。源平合戦の時代の軍馬として有名な，日本在来種の木曽馬は，350キロから400キロである。ところで，牛は一般的なもので700キロを超す。

　こうしたデータをもとにすると，より軽い馬の通行が禁止されているのに，より重い牛の通行を許してよいというわけにはいかないことがわかるであろう。また，類似性という点についても，牛は馬と同じか，あるいはそれ以上に重量をもつという特性を有しているのであるから，この両者に類似性があるという点は肯定してよいということになる。

(4)　鹿

　最後に鹿についてみていこう。

　鹿にもいろいろあるが，いま問題になっているのは，奈良公園にいるようなニホンジカであるとする。ニホンジカの体重は意外にも軽く，40キロくらいしかない。そうすると，人間とさほど変わらないか，あるいは軽いくらいということになる。

　このようにみてみると，重量という点に着目して馬に類似しているとは到底いえない。こうしてみてみると，鹿を馬だとして通行を禁止することは，やはり馬鹿なことであるということになろう。そうすると，鹿について「馬」を類推解釈して通行を禁止することは不適切ということになる。

こういう場合，さらにもう一回，発展的解釈に戻ることになる。ところで，「車馬通行止」という文言そのものには，「馬」でないものの扱いについては何も書かれていない。ただ，馬と車が通行禁止なのだから，それ以外は通行させていいのだろうと推論することはできる。この推論のときに行っているのが反対解釈といえるものである。この用語については，鹿については，文言を反対解釈することで，通行してよいという結論を導くのが妥当な判断ということになろう。

(5) まとめ

車馬通行止の例はシンプルであったが，実際の法解釈の場面では，なかなか決着がつかずあれやこれやと様々な学説が提唱されるということが起きる。その議論はすぐには決着がつきそうにないものも少なくない。

実際の裁判では，こうした場合には，最終的には裁判官の多数決による。しかし，学問的には，必ずしも，すぐに決着をつけなければならないわけではない。実際の裁判ではそういうわけにはいかないものの，学問的な議論というのは安易に決着をつけるのではなく，トコトンまでみんなで突き詰めて考えていくということが大事である。即決するよりも，むしろ透明性ある形での議論を展開し続けることそれ自体が重要であるといえる（そのためにも，言論の自由というものが重要となる。言論の自由を制限しているところに学問的な議論は成り立たない。そして，そういう領域では法学という学問の発展は著しく遅れることになる）。強権的に決めることではなく，言葉を通した考察を通して，そして，多くの人々の共同作業を通してこそ，より多くの人が納得できる結論に至ることができるのである。

5. 立法論

ここまで読んできた方の中には，法解釈とはなんとも面倒だなと感じた人もいるだろう。「車馬通行止」という文言は，それ自体なんとも古くさいものであり，そういう古くさい規定があることが問題なのであって，これを変えさえすればいいのに，なんでクドクドと理屈をこねまわしているのだと思うかもしれない。

確かにこの指摘はあたっている。しかし，こうしたことは，法解釈学の世界ではよくあることである。最近民法がようやく大幅に改正されたが，それでも

民法の規定の多くは，それ自体すでに歴史に属する明治時代につくられたものである。しかし，昔につくられた規定であっても，新たに作り直されない限りは，いつまでも使われ続ける。また，いざ事件が起きた場合，新たな法律をつくってその新たな法律を事件に遡及的に適用するということは，刑事法においてはもちろんのこと，その他の領域においても基本的にはよろしくないこととされている。したがって，適用しなければならない条文がいかに古くさいものであっても，その点に文句をいわず，その条文がいま現在もっている意味を考えつつ用いるという姿勢が法解釈の世界では必要になるのである。

　しかし，そうはいっても，いつまでも古くさい規定を放置しておくべきではない。これからの円滑な実務のことを考えるならば，やはり規定そのものを合理的なものに改めることも必要である。もちろんこのように規定を改めることができるのは立法権限を有した人・機関（国会・地方議会などの議会など）であるが，われわれ私人は，こうした人・機関に対して，どのように改正すべきかの提言を行うことはできる。こういう提言のための議論を立法論という。

　法学部の講義の多くは，解釈論を展開するものだが，ときにそこから進んで立法論を展開することもある。今回のこの例をしつこくここまでやってきたついでに，少しだけ立法論的世界もみておくことにしよう。

　橋を劣化から守ることが問題なのだから，一番スッキリとしたルールは，重量を指定した上で──例えば200キロ──その重量以上のものは通行してはいけないとすればいいように思える。そうすると，「200キロ以上の車両，または動物の通行を禁止する」と書いておけばいい，そう思うかもしれない（ちなみに，200キロというと，排気量400ccの自動二輪くらいの重さである）。

　一見スッキリしたようにみえるこの規定案であるが，それを運用することは，結構，難しい。例えば，橋の両端にそれぞれ一つずつ重量計を置いておき，計測することができればよいのだが，その設置は簡単なことではない。車検を受けている車両であれば，車検証に車両重量の記載があるが，車両には人・荷物が乗っている。まさか乗っている人に一人ひとり体重を申告させるわけにはいかないだろう（さらにこの申告を信用していいかどうかも怪しいものである）。

　そうすると，外部から視覚的に比較的容易にわかる形で，かつ迅速な判断が可能な仕組みが望ましいことになる。また，ルールというものは，その適用をする者のみならず，一般の人々にもその内容がわかりやすいものであることが求められる。そうすると，やはり道交法や免許上の区分と一致しているのが望

ましいということになるだろう。例えば，バイクでも50ccまでがいわゆる原付とよばれ，250ccは軽二輪（車検がない自動二輪車），400ccまでが中型二輪，それ以上が大型二輪とよばれており，こうした区分は，法律の専門家でなくとも，また特別な車好きでなくとも，道路を乗り物でうろうろしていればなんとなくはわかるものである。こうした区分に合わせることで，比較的わかりやすいルールをつくることができる。

　仮に上で述べたように200キロを一つの目安とするならばどうなるであろうか。まず四輪の自動車については，すべて通行は禁止となるだろう。軽の四輪車でも車両自体で700キロある。他方，自転車の類いはすべて通行可としてよい。いわゆるママチャリが20キロくらいである。ここに巨体が乗っても100キロ程度に収まる。やはり判断が難しくなるのが自動二輪車である。50ccの原付バイクであれば100キロ程度なので，人間の重量を含めても200キロ以内に収まる。いわゆる原付二種の125ccまでのバイクも100キロくらいである。250ccの自動二輪だと130から150キロくらいなので，乗る人間によっては200キロをオーバーしてしまう。400ccバイクだと車両重量自体が200キロ前後なので，人間を入れると200キロを超過する。このようにみてくると，125cc（いわゆる小型二輪，あるいは原付2種）で線引きするか，あるいは250ccで線引きするというあたりが妥当なところということになろう。そうすると，高札には，「車両通行止。ただし軽車両・原付・軽二輪自動車は除く」と書いておけばいいということになる。

第3章

法解釈学とは何か

1．法解釈学という「学問」の特質

　法解釈学とは法解釈に関する学問である。学問とは何かについて一般的に答えることは非常に難しいが，さしあたり，一人ひとりの人間の作業にとどまらず，多数の人間の共同作業としてなされる知的営為と説明しておきたい。人類は，共同作業を行うことで，社会を発展させてきた。その共同作業は，現に顔を突き合わせている者の範囲を超え，時間や空間を大きく隔てた人との間でも行われている。法解釈学も，多数の人間の共同作業の中で発展してきた。

　今日，もっとも学問らしい学問とされているのは自然科学（science）であろう。自然科学は，実験と観察を通じて得られたデータから自然に属することについての法則を明らかにすることを目指す。この学問が近代に大きな成果を上げたことは改めて指摘するまでもない。この科学の方法論を用いて人間社会を探究する社会科学も近代において発展した。こうした科学という学問と法解釈学は基本的スタンスを異にしている。科学は自然であれ社会であれ，分析する対象の裏に存在している法則を明らかにすることを目指すのに対し，法解釈学が目指していることは我々の社会がこれからどうすべき（当為）かについての提言を行うことである。ここに科学と法解釈学の学問的なスタンスの決定的な相違がある。

　法解釈学と同様に当為（どうすべき）にかかわる学問として神学や倫理学がある。神学とは特定の宗教の教理の枠内にあって，その教理に立脚した形で，信仰内容や信仰生活をどうすべきかを考察する。法解釈学は，特定の宗教の教理に依拠するのではなく，宗教性を極力廃し，異なる信仰をもつ者の間でも説得力をもつ提言をすることを目指す。倫理学は，まずは個人の道徳を対象とし，

個人がいかに道徳的に生きるべきかを探求する。これに対し，法解釈学は，個人ではなく社会がどうあるべきか，社会がどう行動していくべきかに関わるものである。

2．法解釈学の歴史

(1) 古代ローマ

　法解釈学という学問は，古代ローマに発祥した。ローマ人は，実践を重んじる気風があり，理論的なギリシア人たちが哲学や数学を発展させる一方で，建築学や法学といった実践的学問を発展させた。こうした歴史が現在の法解釈学の特質を決定している部分もある。

　古代ローマでは，裁判に直接携わる法務官（praetor）や審判人（iudex），また弁論家（rhetor）は，多くの場合，法律の専門家ではなかった。こうした非専門家によって裁判が担われるのであるが，当然，裁判にあたっては，法についての高度に専門的な知識が必要となるし，また衡平な裁判を実現させるため，時に高度な価値判断が必要になることもしばしばある。こうしたとき彼らは，法が何であるかの助言を必要とした。この助言を与えたのがラテン語でiurisconsultus（これは，直訳すると「法についての諮問を受ける者」という意味）と呼ばれた法学者たちであった。こうした助言は，通例は，どういう事実があれば（あるいは裁判で認定されれば），どういう結論がでるかについての情報を与えるという形をとった。つまり，どういう事実が現に存在したかをめぐる争いはさしあたり踏み込まず，一定の事実が存在することを前提とした上で（あるいは存在するとの仮定の上で），どういう法的解決がなされるべきかに法学者の意識は集中することになった。この特質は現在にも引き継がれ，とりわけ学部段階での法学の学修では，事実問題については踏み込まないことにして，一定の事実があることを前提とした上での法的な解決のあり方の議論に専念するという方法が採用されることになった。

　古代ローマでは，法学者たちの一致した意見（学説）は，裁判において非常に重要視された。ここには，今日のような広範な内容を含んだ包括的な法典は存在しない。法の大部分は慣習法という形で成り立っていたし，難しい問題の解決にあたっては，しばしば衡平性（aequitas）が正当性の根拠として語られた。慣習であれ，衡平であれ，その中身が何かはわかりにくい。この内容をあたかも神託のように人々に伝えるのが法学者の役割であった。とはいえ，一人の法

学者が適当なことを言ってるだけでは十分ではない。多くの法学者たちの一致
した学説こそが重んじられたのである。そのため，法学者たちは，より多くの
他の法学者たちの支持を得られるような学説の形成を目指したし，自説がなぜ
優れているかについてその理由を明示していかねばならなかった。とりわけ元
首政期（紀元前1世紀末から後3世紀初頭）には，数多くの法学文献が著され，
その中で議論が交わされた。こうした議論が後にローマ法大全の中の『学説彙
纂』としてまとめられ，西ヨーロッパ世界へと受け継がれていくことになる。

　ローマ人自身が法学（法解釈学）をどのように捉えていたかは，3世紀初頭
の高名な法学者であるウルピアヌスの次の言葉によく表れている。ちなみにこ
の一節は，『学説彙纂』の冒頭におかれた文章である。

D. 1, 1, 1 pr-1 Ulp. 1 inst. （学説彙纂1巻1章1法文序項）

これから法（ius）についての仕事をしていこうと考えるものは，iusという名称
の由来を知っておかねばならない。iusとは，iustitia（正義）に由来する。すな
わち，ケルススが優雅にも定義したように，iusとは，「良いこと」と「衡平で
あること」に関する技術である。
全く適切にも，われわれをiusの神官であると呼ぶものがいる。なぜなら，われ
われ法学者は，iustitia（正義を）を育み，善と衡平についての知見を得ようと
努めるからである。また，われわれは，衡平を不公平から区別し，許されてい
ることと許されざることを識別し，善いことを罰の脅しのみならず，報奨を与
えることによって正しいことが実現されることを望んでいるであるから。また，
もし私が欺かれているのでないならば，われわれ法学者は，見せかけのもので
はない真の哲学を希求しているのであるから。

　ここにでてくるiustitiaが何であるかについて，ウルピアヌスは，次のよう
に述べている。

D. 1, 1, 10 pr Ulp. 1 reg. （学説彙纂1巻1章10法文序項）

iustitiaとは，各人に各人の権利を配分しようとするコンスタントで永遠に続く
意思である。

　ローマの法学者にとっての正義（iustitia）は絶対的な教理のような形では存
在していない。彼らは，個別の事案の中で適正な解決は何かを模索する中で，

正義を（正義そのものというよりは，その断片的具体化の形を）捉えていこうとした。そして，その営みを継続的に共同で行うことではじめて達成されると考えていた。こうした彼らの法学観が上記の引用には示されているといえる。

(2) 中世の大学

　11世紀に大学が誕生すると，法解釈学は，大学法学部で研究・教授されることになった。ここでは，ローマ法大全があたかも聖書のように「書かれた理性」としての権威をもち，そのテキストの文言の解釈を通して，法の何たるかを明らかにすることが目指された。こうした営みの中で，様々な法解釈の技法が発展する。

　中世の大学法学部では，様々な領邦出身の学生が法を学んだ。中世の大学法学部では最古のものとされるボローニャ大学が有名であるが，ここに集った学生のほとんどはボローニャという都市がある国家の国民ではなかった。学生たちは大学で学んだ後，出身の領邦へと帰り法律家として働くことになるが，こうした各領邦の法制度を学生は学んだわけではない。彼らが学んだものは，ローマ法をベースとして成り立ち，各国を超えて通用する普通法（ius commune）であった。各領邦はそれぞれ独自の制定法をもち，また独自の慣習をもち，各領邦の裁判所ではまずはこうした独自の法による解決が目指されたが，それだけですべてを解決することはできない。ここで出てくるのが普通法である。普通法は，各国において制定法や慣習を補充する役割を担ったのである。現実には，少しややこしい案件になると，独自の法での解決はできず普通法を持ち出さずにはいられなかった。だからこそ大学法学部で普通法を学んだ人材が必要であったのである。このことは逆にいうと，西ヨーロッパ諸国が様々な領邦に分かれているとはいえ，各領邦の裁判所では，多くの場面で同じようなルール，すなわち普通法が使われていたことを意味する。そして，普通法の内容は，ローマ法大全のテキストの解釈によって成り立っており，難しい案件になれば，テキストの解釈についての学者たちの共通の見解，支配的見解を参照されたし，また大学で法学を学んだ者は，単に受け身にこうした見解を用いるのみならず，時に積極的に自らの解釈を提唱していくことも求められたのである。

(3)　近代の法典編纂とその後

　近代になると，各国はそれぞれ大規模な法典編纂を行い，法制度の大部分が成文法という形をとることになる。これにより法解釈学の解釈の対象も変質する。古代にあっては，慣習・衡平を解釈しており，中世にあってはローマ法大全のテキストを解釈していたのであるが，法典編纂後は，法解釈学の対象は専ら法典の中の条文という形をとることになった。慣習・衡平の解釈はもちろんのこと，ローマ法大全の解釈も，外部からみると一種の秘術であり，透明性に欠けるところがあったことは否定できない。そのような中，法をすべて条文化し尽くすことにより，法典さえ見れば何が法であるかを専門家でなくともわかるようにすることに法典編纂を行う中心的な目的があったのである。

　こうした理念は今日的観点からみても誤ってはいない。ただ，法典編纂直後は，こうした理念がやや行きすぎたところがあった。フランスでもドイツでも，法典編纂直後には，法典には一切不備はなく，その中の条文をただ機械的に適用しさえすれば，適切な解決に至るのだという思想が一時支配的となった。これがいわゆる「概念法学」的解釈論である。この解釈論によれば，裁判官は，本書でいうところの文字通りの適用さえしていればよいということになる。

　ところが法典編纂から時間がたつと，法典中の条文の文字通りの適用のみでは適切な解決ができないことに改めて気づかされることになる。20世紀初頭には，ドイツでもフランスでも（日本では大正時代に），社会の変化の中で法も変化するということを正面から認めた上で，裁判の中での法解釈を通じて制定法に新たな意味を与えたり，欠けている部分を補っていくべきとする見解が提唱され，支持者を増やしていく。そして，この潮流の中で判例による法形成が促進されていく。今日の法曹界や法学界において支配的なのはこの見解である。こうした見解に立つならば，本書でいうところの発展的解釈を積極的に行い，適切な法解釈とは何であるかを裁判の中で考察していくことが求められるし，また，将来にまた起こるであろう裁判の際にどういう法解釈をすべきかをみんなで議論していくことが求められることになるのである。

3．法解釈学の領域

　今日の法解釈学には様々な分野があるが，それらは概ねそれぞれ法典毎にまとまっている。我が国の法典としては，いわゆる「六法」，すなわち憲法典，民法典，刑法典，商法典，民事訴訟法典，刑事訴訟法典がある。こうした法典

にそれぞれ対応する形で，法解釈学の分野としての憲法学，民法学，刑法学，商法学，民事訴訟法学，刑事訴訟法学が存在する。こうした分野では，主として法典が法解釈の対象となる。

　法典をもたない分野もある。例えば，行政法学，労働法学，経済法学といった分野もある。こうした分野では，その領域に属する個別法令が法解釈の対象となる。

　ここまで述べてきた分野は，日本の国内法についての分野であるが，これとあわせて国際法についての法解釈を行う分野もある。ここでは，主として国際条約が解釈の対象となる。

　ところで，法解釈学は法学の中心をなすものではあるが，法学は法解釈学のみではない。法解釈学は特定の国や地域において実際に通用している法（すなわち実定法）をどうするかについての学問であるが，実定法とは少し距離をとり，他の学問分野（例えば，哲学，歴史学，社会学，経済学，古典学）の方法論を適宜応用しつつ，法とは何かについての考察を行う基礎法学も存在する。

4．提言の名宛人は誰?

(1)　提言の名宛人

　法解釈学は，正しい法解釈とは何かを提言することを目的としている。つまり，「解釈」とはいっているが，文言の意味を明らかにするということだけではなく，その文言がこれからどういう意味を持つべきかという提言も含まれるのである。それでは，この提言の名宛人は誰なのであろうか。

　まず挙げられるのは裁判官である。実際に裁判に臨みその中で法解釈を行うことのできる裁判官に対し，ある条文についてどのように解釈すべきかを提言するというのが法解釈学の基本のスタイルといってよい。もちろん裁判官は裁判官で自らの良心・良識に基づいた判断を行うものであるので，こうした提言は，その裁判官にとって説得力をもつものでなければならない。ところで，裁判における法解釈についての最終的決定は最高裁判所で行われる。したがって，ここでいう裁判官たちとは，具体的なイメージをあえてするならば，最高裁の裁判官たちということになる。ただ，最高裁の裁判官は10年以内に替わっていく。自分が関心をもっているテーマが将来最高裁判所に持ち込まれたとき誰が裁判官となっているかは予測できるものではない。したがって，提言の名宛人は，結局のところ法曹界・法学界全体への提言ということになろう。ここに属

する人たちにとって説得力をもつよう，自らの提言の論拠を入念に組み立てなければならない。そのためには何が必要なのか。この点について，藤田宙靖元最高裁判事（また元東北大学法学部教授）の次の言葉が示唆に富んでいる[1]。

　　　先に見たように，最高裁の判断形成過程は，様々な分野の「良識」を代表する15人の裁判官による「究極の良識」の形成を図る過程であると言えますが，この「良識」は，その表現に際して，「法の言葉」で語られねばなりません。この意味において，15人の最高裁裁判官にとって法概念や法理論についての理解は，「究極の良識」を表現するために必要な共通言語を弁えるということなのであり，最高裁判事たるために最低限必要とされる「法律の素養のある」とはつまり，この共通言語が使えるということを意味するのだと思います。ある言語を「使える」とは，個々の言葉の意味を知り，そのことによって他人の言おうとすることを理解し，それらを適切に組み合わせて自らの意を他に伝える方法を知り，そして何よりも，そういった手段によって他に伝えるべき充分な内容を持つということです。

　この文章は最高裁判事にとって何が必要かという文脈の中で書かれたものであるが，ここでいっていることはそのまま法解釈学を学ぶ者にとって何が必要かという話として理解してよい。法解釈学を学ぶということは，ここにある「法の言葉」を使いこなす技能を身につけ，その言葉を用いて，将来の裁判官たちに宛てて，そして裁判官たちと同じ土俵に立って，より善い法解釈を提言していくことといってよいだろう。

⑵　解釈論と立法論
　ここまで述べてきた話は，いわゆる解釈論と呼ばれているものである。それは条文の操作，あるいはそれの部分的な削除や補充という作業を通して，適切な結果を導く法適用をどのようにしていくかを議論していくものである。そして，この解釈論は，実際に法適用にかかわる裁判官に対し，どのように法適用をしていくかを提言するという性質をもっており，裁判官ができもしないこと─例えば憲法改正，全く新たな法制度の創出─を提言することはこの解釈論の

---

[1]　藤田宙靖『裁判と法律学：「最高裁回想録」補遺』（有斐閣，2016年）60頁。

範囲を超えるということになる。法解釈学における議論の多くは解釈論という形をとっている。そのため，裁判官ができることという制約の中でものを考えることになる。実際は我が国の裁判官ができることというのもそれなりの幅の広さがあり（例えば，国によっては違憲審査権が裁判官に与えられていなかったり，あるいは憲法解釈そのものが許されていなかったりすることもある。制限の幅はより狭いものとなる），はじめて法解釈学の世界に入り解釈論に触れた人は，窮屈なものだと感じるかもしれない。

　法解釈学という学問の中心が解釈論であるのは確かであるにしても，法解釈学はそれだけに限定されているものではない。これとは別に，立法機関に対し，改正の提案をしていくということも法解釈学という学問の使命である。

　我が国には，憲法，法律，命令，条例などさまざまな成文法の法形式がある。各成文法ごとに誰が立法者であるか（いいかえるならば誰が改正することができるか）が定まっている。こうした立法者（国民，国会議員，行政機関）に対し，どの条文をどのように変えるか，あるいはどのような条文を付け加えるべきかを提言していくことも必要である。こうした議論のことを立法論という。

　立法論にあっては，条文そのものへの拘束は解釈論より緩くなる。解釈論にあっては，条文を削除したり，欠けているところを補充するようなことはいわば最後の手段であり，それ以外の手段が尽きた上で，よほど言葉を尽くさないとできないことではあるが，立法論ではこうした制約はなく自由に議論を展開できる。とはいっても，具体性がなかったり，あるいは関連する諸制度との関連性を欠いた議論では誰も耳を傾けてはくれない。ここでも現在ある法秩序を前提にし，必要最小限の変更を加えていくということが議論としては王道であろう。

ポイント・トレーニング

第1章

問いを立てる

1．解　説

　出発点は，目の前にある紛争から「問い」を導き出すことである。問いを立てるというのは，ただぼんやりと頭の中で疑問をもつだけでは意味をもたない。自分が何を知ろうとしているのか，その疑問を文の形に落とし込んでおかなければならない。文の形に書いておくことで，自分が何について考察をするのかがはっきりするし，考察の途中で道に迷っても出発点に立ち返ることが可能になる。

　法解釈学は紛争解決に関する学問である。そのため，まずは何らかの紛争が存在することが前提となる。その紛争をしっかりみつめ，誰と誰との間で争いがあり，双方が相手方に何を主張しているのかを（あるいは主張可能なのかを）整理する必要がある。この作業が問いを立てるというものである。

　紛争を分析する第一歩は，そこに登場人物が何人でてくるかを見いだすことである。ところで，ここでいう登場人物は，典型的には生きている人間であるが，時に人間以外の存在であることもある。つまり企業や学校法人や国や地方公共団体といった法人が登場人物になることもある。登場人物は特別な公権力をもたない者，つまり私人であることもあれば，公権力をもつ者であることもある。

　次に登場人物の誰が，誰に，何を，求めているかを明らかにする。

　私人が私人に何かを求めている場合，この問いは民事法にかかわるものとなる。一方が公権力をもつものであり，その人のもつ公権力にかかわる何か（例えば，県知事に権限を行使するよう求めたり，あるいは県知事が行った処分の取消を求める）が請求されている場合，公法の問題になる。また，刑罰権の行使を

求めている場合は刑事法にかかわる問題ということになる。

　この問いを立てるという作業について抽象的に語るだけではわかりにくいので，二つほど例題をだすことにする。本当のところは，動画のようなものをみるのが良いのだが，それは無理なので，小説を使うことにしたい。いずれも条文とは違って，読むことそれ自体が楽しくなるような名文である。その状況を頭の中で映像でイメージしつつ，まずは読んでもらいたい。

　一つ目は，村上春樹『海辺のカフカ』(2002年)，257ページからの引用である。

　　ナカタさんは無言で椅子から立ち上がった。誰にも，ナカタさん自身にさえ，その行動を止めることはできなかった。彼は大きな足取りで前に進み，机の上に置いてあったナイフのひとつを，迷うことなくつかんだ。ステーキナイフのような形をした大型のナイフだった。ナカタさんはその木製の柄を握りしめ，刃の部分をジョニー・ウォーカーの胸に根もと近くまで，躊躇なく突き立てた。黒いヴェストの上から一度突き立て，それを引き抜き，また別の場所に思い切り突き立てた。耳もとで何か大きな音が聞こえた。それが何なのか，始めのうちナカタさんにはよくわからなかった。しかしそれはジョニー・ウォーカーの高笑いだった。彼はナイフを胸に深く突き立てられ，そこから血を流しながら，なおも大声で笑い続けていた。

　　「そうだ，それでいい」とジョニー・ウォーカーは叫んだ。「躊躇なく私を刺した。お見事だ」

　　倒れながら，ジョニー・ウォーカーはまだ笑い続けていた。はははは，と彼は笑っていた。おかしくておかしくてもうがまんできないという高笑いだった。しかしその笑いはやがてそのまま嗚咽に変わり，喉の中で血が湧き立つ音になった。排水パイプの詰まりがとれかけたときのようなごぽごぽという音だった。それから全身に激しい痙攣が走り，口から勢いよくどっと血を吐いた。血といっしょに，ぬるぬるとした黒い塊が吐き出された。さっき咀嚼されたばかりの猫たちの心臓だった。その血は机の上に落ち，ナカタさんの着ているゴルフウェアにもかかった。ジョニー・ウォーカーもナカタさんも全身血だらけになっていた。机の上に横たわったミミも血だらけだった。

　　気がついたとき，ジョニー・ウォーカーはナカタさんの足もとに倒れて死んでいた。横向きになり，子どもが寒い夜に身を丸めるような格好で，

　　紛れもなく彼は死んでいた。左手は喉のあたりを押さえ，右手は何かを探
　し求めるかのようにまっすぐ前に伸ばされている。痙攣もなくなり，もち
　ろん高笑いも消えていた。しかし口もとにはまだ冷笑の影が淡く残ってい
　た。それは何かの作用で永遠にそこに張りつけられてしまったみたいに見
　えた。…

　さすが村上春樹の文章だけあって，なかなかの臨場感がある。こうした状況
を眼のあたりにした後，法的にどういうことが問題になるかを考えるならば，
いったいどういう問いを立てることができるだろうか。
　ここにでてくるような刑事的な問題については，初学者でも比較的簡単に問
いを立てることができるだろう。ここで犯罪を犯してしまったナカタさんは，
いったいどういう罪に問われるのだろうか。あるいはもっとも罪名を特定して，
ナカタさんは殺人罪に問われはしないかという疑問がうかんでくるであろう。
そうすると，次のような問いが立てられる。

> ナカタさんは殺人罪に問われるのか。

　ところで，この事例から，民事法的な問いを立てることもできる。ただ被害
者であるジョニー・ウォーカーは死亡しているので，ジョニー・ウォーカーが
主体となって何かを求めるということはできない。そうなると，ジョニー・
ウォーカーの相続人という登場人物を登場させ，この相続人がナカタさんに対
し損害賠償を求めることはできるのかという形の問いが立てられることになる。
　もう一つ別の例をみよう。今度は，宮下奈都『静かな雨』（文春文庫・2019年）
からである。この作者は村上春樹ほどの知名度はないかもしれないが，最近だ
と，映画化もされた『羊と鋼の森』（2016年）が有名である。

　　ある朝，少女がひき逃げされた。倒れた少女をよけようと後続の車がハン
　ドルを切り，そこへバイクが突っ込んだ。バイクが跳ねて，乗っていた
　少年は吹き飛んだ。歩道まで大きく宙に舞い，そのまま頭から落ちた。落
　ちたところに人がいた。こよみさんだった。少年に直撃されて，こよみさ
　んは倒れた。
　　こよみさんは目を覚まさなかった。運び込まれた集中治療室から一週間

で一般病棟へ移され，ナースステーションに一番近い部屋にひとりで寝か
されていた。

こよみさんのその後を別のところから引用する。

　　こよみさんは日に日に顔が白くなり，髪のつやがなくなり，それでもす
　うすうと眠りつづけた。ひき逃げされた少女はすっかり回復して退院して
　いったらしい。ふた月が過ぎて，こよみさんの顔はひとまわり小さくなっ
　たように見えた。肋骨が折れ，内臓からも出血していたというバイクの少
　年が退院した。少年は退院の朝，こよみさんの病室を訪れ，こよみさんの
　顔の前で深く頭を下げたという。自分が先に退院することになってほんと
　うに申し訳ないと細い声で謝ったらしい。

　このあとどうなるかと心配になるところだが，こよみさんは，ちゃんと目を
覚ます。しかし，記憶をたくわえることができないという障害を負ってしまう。
小説としてはここからが本番で，誰にも怒りを向けられないような事故をふま
えて，障害にどう向き合うかということがテーマになっていく。こうしたテー
マを題材にしているため，上記のような誰か明白な悪者がいない交通事故の設
定をしているのだろう。そうであれば，この事故について法律的にあれやこれ
やと議論するのは作者の意図に反しているような気はすごくするのだが，この
点は容赦していただき，この小説をもとに問いを立てる練習をしてみよう。
　まずは登場人物を整理しよう。ここにでてこない人物や書かれていないこと
は考えなければ，少女，車の運転手，少年，こよみさんが登場人物ということ
になる。この登場人物たちの間で，どういう法的な問題が存在するか考えてみ
よう。ここでは民事法の問題だけを考えることにしたい。民事法の問題にあっ
ては，誰が，誰に，何を，請求できるかという問いの形が基本形となる。
　まず「誰が」の部分からである。事故でけがをし障害を負ったこよみさんが
まずはこの「誰が」にあたるというところは異論がないところであろう。もち
ろん，同じように入院することになった少年を「誰が」にあたると設定するこ
ともできる。
　次に「何を」の部分である。こよみさんは長期にわたり入院した。その結果，
医療費が発生したはずである。病院は，医療費を患者に請求するので，こよみ

さんがこれを負担することになる。こよみさんはこの医療費を誰かに請求できるのであろうか。それから，こよみさんは，もともとパチンコ屋さんの前の敷地を（無償で）借りて，鯛焼き屋さんを営んでいたが，長期にわたって入院をしている間，鯛焼き屋さんを開くことはできなかった。その間，仮にオープンしていれば，毎日利益があがっていたはずある。つまり，得られたはずの利益を得ることができなくなったわけである。この分についても，こよみさんとしては請求したいところであろう。小説では，この後，幸いにして，再開することができたが，仮に敷地の借用が再開できなければ，損害額はもっと膨らんだはずである。こうした損害の賠償を求めるということが「何が」にあたる。

　それでは「誰に」請求するのだろうか。まずは，直接こよみさんと接触した少年があげられるであろう。それは酷じゃないのと思われるかもしれない。この少年はどうしようもない形で事故にまきこまれ，たまたま落ちたところにこよみさんがいたのだから。そうであれば，少年ではなく，彼と接触した後続の車の運転手が「誰に」ということになるだろうか。あるいは，さらに，少女を「誰に」ということにすることもあり得るだろう。

　このようにみてくると，実にいろいろな組みあわせがあり得ることがわかる。さしあたりここでは，この中の，こよみさんからバイクの少年への請求を考えてみることにしよう。そうすると，「誰が」「誰に」「何を」は次のようになる。

> 「こよみさん」は，「少年」に医療費および休業している間に得たはずの利益の支払いを求めることはできるのか。

練習問題1

⑴　練習問題1.1

　A社に入社したBさん（女性）は，会社に違和感を持った。男性は全て総合職，女性は全て一般職となっているのだ。そして，総合職と一般職では，給与にも少なからず差がある。「男女差別だ」と感じた。それに加え，就職活動および労働契約を締結する際には，何も説明を受けていなかった。上司に説明を求めても，「この会社では，女性に総合職のポストはないよ」の一点張り。Bさんは，合同労組に加入をしたうえでA社と交渉をしたが，納得いく回答を得られなかった。

⑵　練習問題1.2

　2022年4月1日，A・B間で，A所有の有名画家が描いた絵画（甲）の売買契約が締結された。甲の引渡しおよび売買代金の支払いは，同年7月1日となっていたところ，同年6月20日に，甲を保管していたAの倉庫が火災によって半焼し，甲は修復が不可能なほど損壊してしまった（Aの保管について帰責性はないものとする）。
　この場合，Aから売買代金の請求をされたBは，それを拒むことができるか。Bからの反論も踏まえつつ，場合を分けて論じなさい。

⑶　練習問題1.3

　以下の文章は，原田正純「水俣病」（『世界大百科事典（改訂新版）』，平凡社，2007年）からの引用である。よく読んで，問いを立ててみよう。「1956年，水俣湾を中心に不知火海（八代海）一帯に発生した水俣病のほかに，65年の新潟水俣病（阿賀野川有機水銀中毒事件）もある。両者ともアセトアルデヒド製造工程で副生されたメチル水銀が原因で，水俣の場合は，新日本窒素肥料（のち，チッソと改名）水俣工場が汚染源であった。原因究明は1959年7月，熊本大学医学部水俣病研究班によってなされたが，政府がそれを正式に認定したのは68年9月であり，この遅滞が対策の遅れをもたらし，政府が正式に解決策を提示したのは実に95年12月であった。」

第2章

条文を探す

1. 解　説

　問いをノートに書いたならば，次は，その問いに答えをだしてくれる条文を探すという作業をしなければならない。

　まずは，六法の目次をみてもらいたい。有斐閣の『ポケット六法』では，大きく，公法，民事法，刑事法，社会法，産業法，条約に分かれている。このなかでも，まず押さえてほしいのは，公法，民事法（私法），刑事法の区分である。

　公法とは，「『私法』に対比された概念であり，公権力の行使にまつわる法律群を指す」とある（『法学入門』45頁）。「私法」とは「私人相互間の関係（いわゆる横の関係）を規律した法である。」とされる（同91頁）。刑事法は，「刑事にかかわる法令の総称である」（同137頁）である。

　条文探しでまず問題となるのは，公法・民事法・刑事法のいずれの分野に向かうかである。犯罪の処罰にかかわることであれば刑事法に向かう。対等な私人（有斐閣の『法律用語辞典』は「国家あるいは公共という立場を離れ，私的な立場からみた一個人」と説明している）どうしの紛争にかかわることであれば私法へ，公権力の行使にかかわることであれば公法へと向かうことになる。

　民事法，刑事法，公法という分野の中にも，様々な分野がある。刑事法は，刑法，刑事訴訟法，犯罪者処遇法に分かれる。公法は，大きく，憲法，行政法に分かれる。また民事法は，大きく，民法，商法に分かれる。こうした各分野の内容については，それぞれの授業の中で詳しく学んでいくことになるが，まずは，どういう場合にどの分野の問題になるのかということは押さえておかねばならない。

　まずは前章のナカタさんの刑事の方の例を考えていこう。六法の中から刑法

のところを開いてほしい。この法律は，全部で264条から成り立っている。こ
このなかから，関連する条文を選び出さなければならない。

　刑法の目次をみてみよう。第一編「総則」は，いろいろな罪に共通する事項
が規定している。そのためどういう罪を考えるにあたっても，この「総則」の
規定はからんでくるが，今回はここは飛ばして，第二編の「罪」をみてみよう。
ここに関連しそうな章がないか前からみていくと，第26章に「殺人の罪」とあ
るのを見つけることができる。それではいよいよページをめくって第26章をみ
てみよう。この章は全部で5条しかない。さらにその内の一つは削除されてい
る。簡単に全部に目を通してみてほしい。そうすると，「ナカタさん」の例に
かかわるのが199条であることがわかる。

　こよみさんの例では，民法が問題となる。同じようにして民法の目次を見て
みよう。民法という法律は，大きく，総則，物権，債権，親族，相続に分かれ
る。総則は，民法全体にかかわる事項をまとめているので，ここでもさしあた
り飛ばす。今回の問いが親族や相続とは関係ないことも自明である。問題は物
権か債権かである。前述の『法律用語辞典』では，物権は「特定の物を直接支
配することができる権利」と説明されている。物権という権利には，占有権，
所有権，地上権，永小作権といった権利があり，民法はこの順序で各権利につ
いて規定している。債権は，「特定の者（債権者）が他の特定の者（債務者）に
対して一定の行為，すなわち給付を請求することを内容とする権利」とある。
そして，この債権という権利は，契約，事務管理，不当利得，不法行為によっ
て発生する。前述のこよみさんの例で関係するのは債権編，さらにそのなかの
不法行為である。それでは，不法行為の章に行き，709条以下にざっと目を通
してみよう。そうすると，709条が不法行為の成立に関して中心をなす条文で
あることがわかる。

練習問題2

(1)　練習問題2.1

　2022年4月1日，AB間で，A所有の有名画家が描いた絵画（甲）の売買契約が締結された。甲の引渡しおよび売買代金の支払いは，同年7月1日となっていたところ，同年6月20日に，甲を保管していたAの倉庫が火災によって半焼し，甲は修復が不可能なほど損壊してしまった（Aの保管について帰責性はないものとする）。

　この場合，Aから売買代金の請求をされたBは，それを拒むことができるか。この問にかかわる条文を探しなさい。

(2)　練習問題2.2

　Aは，80歳を超えたあたりから判断能力が衰え始め，2年前から事理弁識能力を欠く状況に陥っている。そのような状況で，Aは画商Bから言われるがまま，Bの所有する絵画（甲）を500万円で購入する契約を締結した（甲はAに引渡されておらず，まだBの元にある）。その後，Bに甲を700万円で購入したいという顧客が現れた。この場合，BからAに対して契約の無効を主張することができるか。この問いにかかわる条文を探しなさい。

第3章

条文を見る

　問いに対応する条文がみつかったら，いよいよ条文を読み始めることになるのだが，その前に，条文というものが何物であるかについて，またその条文の引用の仕方について簡単に説明しておくことにしたい。

1．「条文」とは何か？

　まずは「条文」とは何かについてみていく。

　法には成文法と不文法がある。成文法とは，「規範の内容が文の形をとって表現されているもの」であり，不文法はそうではないものである（『法学入門』24頁）。成文法とは，各種の法律のようにルールを条文の形に書いたものである。これに対して不文法とは判例や慣習や条理のように条文の形をとっていないものをいう。

　成文法の中でルールを文字で表すとき，多くの場合，ルールを短く簡潔に書いた文をいくつかならべていくという形，つまり箇条書きにするという方法が用いられる。この箇条書きにされた区切りを，東アジア世界では古くから「条（條）」という漢字で表現してきた。「条」とは，もともと「細い枝」を意味していたそうであるが，確かに，制定法の文章は，細い枝を並べたもののように見えなくもない。ちなみに日本では，大和民族特有の文字（ひらがな・かたかな）が誕生する以前は，漢字のみで文を綴っており，有名な聖徳太子の十七条憲法もこの時代の産物である。この制定法については，日本書紀が「夏四月丙寅朔戊辰，皇太子親肇作憲法十七條」と伝えているとおり，ルールを十七個に分けて箇条書きにしており，そのそれぞれは「條」という漢字でもって表現されている。今日の我が国制定法のほとんどは，箇条書きにする際の基本単位として「条」を用いているが，元号法や失火ノ責任ニ関スル法律のように極めて

簡潔な制定法においては「条」が使われていない例もある。

　『法学入門』24頁以下で詳しく説明しているが，一口に成文法といってもさまざまな法形式が存在する。すなわち，憲法，法律，命令，条例，条約，規則といった法形式がある。どの法形式のものであれ，その中の文のことを「条文」という。ただ，同じく条文といっても，憲法の条文と法律の条文とではその効力に違いがあるということは忘れてはいけない（これは当たり前といえば至極あたり前のことだが，六法で条文を読んでいると，どれもが同じようなスタイルで書かれているので，思わず忘れがちになるところである。ちなみに有斐閣の『ポケット六法』では憲法の条文だけでは若干フォントが大きくなっている。憲法という法形式の条文については他とは違う重みを感じつつ読みなさいという配慮であろう）。

　上述のように，法は成文法だけで成り立っているわけではない。慣習法，判例法といった不文法も存在する。かつては，慣習法や判例法の方が成文法よりも量的に多く，成文法は慣習法や判例法上に存在している法原則を部分的に修正するものという位置づけを与えられているにすぎなかったこともあった。しかし，近代に入って，大規模な法典編纂が行われ，従来の不文法を成文法化し尽くすという試みが行われた結果，今日では圧倒的に成文法の方が重要性が高く，いろいろな法的な問題を考えるにあたっては，まずは成文法からみていくという方法がとられることになる。また，近代の法典は，規定する事項について包括的に，そして完結的に規定しているものとして理解されるようになった。このことが条文の読み方にも影響することになる。もちろん，成文法の文言をどう読むかをめぐって，また成文法の規定の隙間を埋めるような形で判例法が存在することもしばしばあるので，成文法の条文だけで問題が解決するわけではないことは忘れてはいけない。

　法解釈学の学習にあたっては，ともかく条文を読むことが大事である。特に紙媒体の六法を常に手許において，労力をいとわずに参照してもらいたい。

2．条文の構造（引用の仕方）

　ここで条文の引用の仕方の確認をしておこう。

　一つの条文が段落で分かれる場合，各段落を「項」と呼ぶ。次記の図表の〔1〕を参照のこと。有斐閣の六法では，項を①，②のようにマル付き数字で表記している。しかし，憲法や法律の正文では，1項にあたるところに数字の

表記はなく，2項以降にのみ数字が振られている。

　条文の中で箇条書きがなされている場合，各部分を「号」と呼ぶ。図表の〔2〕を参照のこと。号については「一」「二」というように漢数字で表記される。箇条書きの号より前の部分を「柱書」という。下記の図表の〔2〕を参照のこと。

図Ⅱ-3-1

〔1〕　　　　　　　〔2〕　　　　　　　〔3〕

2項　　　　　　3号　　柱書　　　但書（ただしがき）

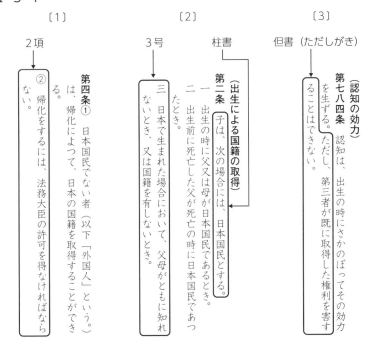

　一つの条や項は，一つの文で成り立っていることが多いが，複数の文で構成されることもある。例えば次の条文をみてもらいたい。

憲法34条

何人も，理由を直ちに告げられ，且つ，直ちに弁護人に依頼する権利を与へられなければ，抑留又は拘禁されない。又，何人も，正当な理由がなければ，拘禁されず，要求があれば，その理由は，直ちに本人及びその弁護人の出席する公開の法廷で示されなければならない。

　この条文のように2つの文からなる場合，一つ目の文（つまり「何人も，……抑留又は拘禁されない。」）を「前段」と，二つ目の文（つまり，「又，何人も…ならない」）を「後段」という。まれに三つの文からなる条文があるが，その場合は，一つ目の文を「前段」，二つ目の文を「中段」，三つ目の文を「後段」と呼ぶ。

　一つの条文が複数の文で構成されている場合であっても，二つ目の文が「ただし」で始まるときは引用の仕方が変わる。このときは，一文目を「本文」，「ただし」で始まる文を「ただし書き」と呼ぶ。

練習問題3

　以下のそれぞれが示す条文の文言を書き出しなさい。
　・民法37条3項
　・民法5条1項ただし書
　・憲法73条柱書
　・民法93条本文

第4章

条文を読む⑴—要件と効果に分ける

1．解　説

⑴　「条文を読む」ということ

　まずは条文を読むというときの「読む」とは何かについてみておこう。

　一口に「読む」といっても，いろいろな読み方が存在する。おそらく条文の読み方の対極にある読み方は，詩の読み方であろう。詩人三好達治は，『詩を読む人のために』（岩波文庫・1991年）の「まえがき」の中で，「詩は一本立ちの孤独な心で読むべきものです」「詩は各自めいめいの心で読むべきものです」といっている。つまり，あれやこれやと辞典を引いたり，解説書を頼りにしたり，頭でっかちに分析するのではなく，虚心坦懐に詩のことばを心で受け止めるということなのであろう。確かに，詩を読むとはそういうものであろう。しかし，条文はこうした形で読むものではない。「孤独な心で」「めいめいの心」で読むものではなく，みんなときっちり歩調を合わせ，共通の頭で読むのが条文の読み方なのである。

　条文を読む目的は，第一義的には，目の前にある紛争に対して法による解決を与える手がかりを得るためである。条文というものは，鑑賞するものではない。スタンダールがフランス民法典を毎日読んでその文の調子を身体にしみこませたという逸話もあるが，普通は，そういう目的で読むものではない（こういう目的で日本の民法典を読む人は多分，いないであろう）。条文は，何等かの紛争が存在してり，それを法により解決するならばどういう解決になるのかについての情報を得るために読むものである。そのため，条文がどういう場合にどういう解決を与えるかを定めているかの情報を得ること，そして目の前にある紛争にこの条文を使ったらどういう結論になるのかということを条文から読み

取らねばならない。また，この作業にあたっては，条文の文言（もんごん）がどういう意味で理解されているのか知らねばならない。つまり，各文言を「めいめいの心で」自由に解釈していいというものではない（この話は逆にいうと，条文とは読み手がこういう作業をできるだけ容易にできるようなものとして書かれているべきということになる。最近の日本の条文はこうした点では優れているが，要請に応えるような文章にすればするほど，詩のような美しさからはますます離れていく）。

　このような目的で条文を読むわけであるが，その作業は，概ね次のような段階を踏む。第一段階は，条文から要件・効果を抽出する。この段階では，内容には踏み込まず，要件・効果を整理することに専念する。第二段階は，この要件・効果をフローチャートにすることを通じて，各要件の相互関係や横の広がりを明確にする。第三段階は，要件・効果の中に含まれる各種の用語の定義を確認する。各種の用語をどのような意味で理解するかについては，ほとんどの場合，既に固まった見解（一つの見解とは限らず，複数の見解が存在することもある）がある。その見解が何であるかを知るのがこの段階の作業である。そして，第四段階として，ここまでの作業を総合し，問題解決を行う（言い換えると，従来より存在しているルールによると，この問題がどう解決されるかを明らかにする）という段階である。この段階で，ここまでの全プロセスを文章化し，そして，自分が適切に法適用を行っているかを他の人が検証できるような形にすることが求められる。

(2)　要件，効果に整理するということ

　前述のように，条文を読むという作業の第一段階は，条文から要件と効果を抽出するということである。本章はこの第一段階について取り上げる。

　この第一段階では，条文の文言が何を意味しているかを考えるのはさしあたり脇に置いて，どういう要件があればどういう効果が発生することになると規定しているのかを整理することに専念する。慣れてくれば，各段階をオーバーラップさせながら作業することはできるが，入門段階においては，ポイントをしっかり押さえながら，一歩一歩練習を積み重ねることが必要である。

　要件とは「特定の法律上の資格，行為等に必要とされる前提条件」（有斐閣・法律用語辞典）である。効果（法律効果）とは，「一定の法律要件の存在を原因としてそこから生ずる結果としての法律関係の変動をいう」（有斐閣・法律用語辞典）。基本的に条文には，このような要件と効果についての情報が含まれて

いる。すなわち，一定の条件が満たされれば，何らかの法的な帰結（たとえば，
○○罪で有罪となるとか，何らかの権利を取得するといったもの）が発生するとい
うことについて書かれている。この要件と効果が何であるかについては，抽象
的な説明を繰り返すより，具体的にみていった方がわかりやすいので，以下，
刑法199条と民法709条をみていくことにしよう。

(3)　刑法199条

刑法199条

人を殺した者は，死刑又は無期若しくは5年以上の懲役に処する。

　この条文は効果の点からみていった方がわかりやすい。この条文の効果は
「死刑又は無期若しくは5年以上の懲役に処する」である。

　次に要件をみていこう。この条文では，どういう条件がそろえば，裁判官は
被告人を死刑又は無期若しくは5年以上の懲役に処すことができると記載して
いるのだろうか。そういう視点で読み直すと，「人を殺した」がこれにあたる
ことがわかるであろう。

　ただ，これだと大雑把であって，このあとの法学上の議論を展開していくに
あたっては，もうすこし緻密な整理が必要である。

　その整理にあたっては，登場する主体（自然人や法人）が何人おり，そして，
相互にどういう関係性に立つかを意識することが必要である。この条文では，
少なくとも2人の登場人物がある。簡単にいえば，殺す者（以下，X）と殺さ
れる者（以下，Y）である。

　この点を意識しつつ，整理すると次のようになる。まず要件の部分である。
⑴Yは「人」である。⑵XがYに対し「殺す」という行為を行った。⑶その結
果，Yが死亡した。そして，次の点は若干の刑法の知識が必要になるのである
が，当然の前提として，⑷Xが故意でこの行為を行ったことがあげられる。以
上の4つの要件をすべて満たした場合，Xを「死刑又は無期若しくは五年以上
の懲役に処する」ことができるという効果が生じるのである。なお，ここの部
分は，単純化して「殺人罪が成立する」と言い換えてもいい。

　ここで要件・効果を書いたように，各要件，効果ともに文の形で記すことが
重要である。つまり単なる単語の羅列ではなく，句点（「。」）で終わる文にす

るということである。ここを怠ると，あとで混乱しかねない。

⑷　民法709条

次に民法709条もみていこう。

─────── **民法709条** ───────

故意又は過失によって他人の権利又は法律上保護される利益を侵害した者は，これによって生じた損害を賠償する責任を負う。

「故意」「過失」「他人の権利」といった用語が何を意味しているか気になるかもしれないが，この段階の作業では，そうした用語の意味には意識的に立ち入らず，文の構造から要件・効果に関係する記述を探してみよう。この作業はさほど難しくはない。「故意又は過失によって他人の権利又は法律上保護される利益を侵害した者は」の部分が要件にあたり，「これによって生じた損害を賠償する責任を負う」が効果にかかわることがわかる。

　ここでも，登場する主体が何人いるか考えてみよう。内容的にみて，2人いることは容易にわかるであろう。「侵害した者」と，侵害された者，条文上の表現では「他人」がいる。ここでも，前者をX，後者をYとして整理しよう。

⑴　Xは，故意または過失による行為をなした。

⑵　XはYの権利を侵害したか，またはYの法律上保護される利益を侵害した。

⑶　Xの行為によって，Yに損害が発生した。

　ここでもう一つ大事なことがある。ここでは，⑴と⑵と⑶に書いた要件がすべて満たされてはじめて効果が発生するということである。つまり，⑴および⑵および⑶（なお，条文の書き方ルールでは，こういうときには，「⑴，⑵，および⑶」という書き方になる）がすべて満たされたときに，はじめて，この効果が発生する。こうした要件相互の関係性（「および」でつながるのか「または」でつながるのか）について意識しておかないと，次のフローチャートを書く段階で躓くことになる。

　続いて効果であるが，これは難しくはない。XがYに損害を賠償する責任を負うことが効果ということになる。なお，民法の勉強が進んでいる人であれば，XがYに損害の賠償を内容とする債権を取得するという形でこの効果の部分を

書き換えることもできるであろう。

練習問題4

　以下にあげる条文を読み，そこから要件と効果を抽出し，整理しなさい。整理するにあたっては，必ず文の形にすること。また，各要件の相互関係（「または」でつながるのか，「および」でつながるか）も明示すること。

①　国籍法2条1号
②　民法177条
③　民法162条1項
④　刑法204条

第5章

条文を読む(2)—フローチャート化する

1．解　説

(1)　フローチャートの書き方

　要件と効果への整理は，緻密に行う必要がある。最初の段階でこれを頭の中だけでするのは論外であり，前章で練習したように，まずは，要件と効果を整理し，文の形にすることが大事である。文にする過程で頭の中が整理される。しかし，文にするだけで十分というわけではない。この方法でも，結構な見落としがでる。そこで，ここでは，要件・効果をフローチャート化するという方法を推奨したい。要件・効果をフローチャートという形で可視化することにより，条文がどういう要件や効果を定めているかを精密に分析することができる。また，要件と要件との関係性（「または」でつながるのか「および」でつながるのか），ある要件に合致しないときどういう効果になるのかといったことを全体的に考えるためにも有益である。

　フローチャートの書き方のもっとも基本の形は次のものになる。

図Ⅱ-5-1

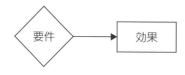

　ある要件が満たされれば，ある効果がでるというのをこのように表現することができる。上の図では要件は一つしかないが，これが複数あるというのがむしろ通例である。二つあるとして図解すると次のようになる。図Ⅱ-5-2にお

いては，２つの要件が「または」でつながっているものを表している。すなわ
ち，要件１か要件２のいずれかが満たされた場合に効果が発生するということ
を示している。

図Ⅱ-5-2

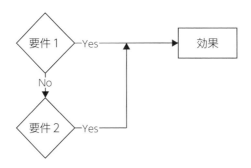

　これにスタートとゴールをつける。スタートは，一番はじめにみた「問い」
をここに入れることになる。ゴールは複数あるが，その一つは，条文の効果と
一致するものになる。

図Ⅱ-5-3

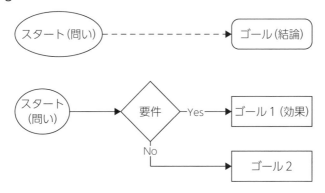

　これがフローチャートの基本形となるが，複雑なものを書いていくにあたり，
「または」と「および」の書き方をここで解説しておいた方がいいだろう。
　「または」とは，「選択的な関係にある事柄を列挙してつなぐ場合に用いられ
る接続詞」（有斐閣・法律用語辞典）である。これをフローチャートで書くと図

Ⅱ-5-2のようになる。要件1か要件2かのいずれかを充足すれば効果がでるということになる。

　「または」と厳格に区別しなければならないのが「および」である。「および」で2つの要件が接続している場合，要件1と要件2の双方が充足しないと効果発生につながらない。これを図解すると図Ⅱ-5-4のようになる。

図Ⅱ-5-4

(2)　刑法199条のフローチャートを書いてみよう

　それでは，刑法199条をフローチャート化してみよう。要件と効果とを上の基本形に組み入れればできあがる。まずは，すべての要件がYesの場合のみ書き入れている。

図Ⅱ-5-5

　各要件を満たさないときどうなるのであろうか。フローチャートを書いてみると，こういうところがいちいち気になりはじめる。こうしたことに意識を向けることがフローチャートを書いてみる意義といえる。すなわち，自分がいまいる位置がどこにどうつながっているかを把握するためにもフローチャートは有益なのである。すべての要件に関して書き入れるのは煩瑣なので，最後の要件を満たさない場合（つまりNoとなる場合）を書き入れると図Ⅱ-5-6のようになる。

図Ⅱ-5-6

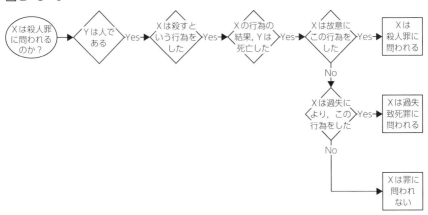

(3) 民法第709条のフローチャートを書いてみよう

続いて民法第709条を書いてみよう。ここでは2度の「または」がでてくる。この点に注意して書くと図Ⅱ-5-7のようになる。

図Ⅱ-5-7

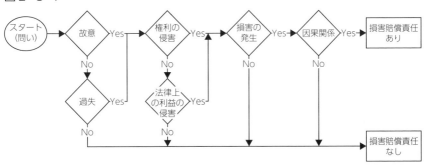

練習問題5

以下の条文の要件・効果をフローチャート化してみよう。

① 国籍法2条1号

② 民法772条

③ 民法5条

第6章

条文を読む(3)―定義を明らかにする

1．解　説

(1)　観念と実在

　条文の定義の説明に入る前に，法律学以外の話をしておくことにしたい。少々抽象度の高い話になるが頑張って読んでいただきたい[1]。

　まずは下の図をみてもらいたい。

図Ⅱ-6-1

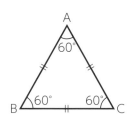

　これは正三角形である。中学の数学で勉強してきたように，正三角形の性質により，辺ABと辺BCと辺ACは等しく，∠ABCと∠BCAと∠CABは等しくなる。しかし，本当にそうであろうか。極めて精度の高い定規や分度器をもっていれば，ここにあげた図に微妙なぶれがあることを見いだすはずである。ナノメートル単位まで本当に完全に正しい正三角形を描くことは不可能である。し

---

(1)　ここからの話は，古田裕清『西洋哲学の基本概念と和語の世界』（中央経済社，2020年）の第2章「観念と実在」を参照している。

かし，幾何学の勉強においては，こうしたズレはないものとして進められている。つまり，ここにある図形は，実際にここにある図形そのものではなく，観念的に存在する正三角形なるものとして理解した上で，幾何学上の議論を進めている。

　いま「実際にここにある図形そのもの」と「観念的に存在する正三角形なるもの」というものという言い方をしたが，この2つを図解すると下記のようになる。

図Ⅱ-6-2

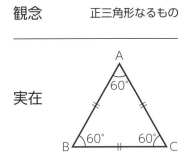

　目の前にある三角形は，あくまでも実在のレベルにある。本当のところ，ナノメートル単位まで正確なものではない。これに対し，観念のレベルに存在する「正三角形なるもの」は，ナノメートルレベルにまで正確なものである。三つの角度も全く完全に同じものである。そういうものとして観念のレベルにのみ存在しているもので，これを現実に図解することはできない。ただ，言葉ではこれを「正三角形」として表し，頭の中でイメージすることはできる。

　こうした観念レベルで存在する概念と，実在の世界とを切り分けて考えていくことは，古代ギリシアの哲学者プラトンに由来する。古田教授の本の中にでてくるもう一つ別の例をだそう。

　この図の下の写真に写っているのは，実際に写真に撮られる段階で実在のレベルにあった羊である。われわれは，この写真をみると，ここに写っている動物の個体が羊であることがわかる。なぜそれがわかるかというと，われわれの頭の中，つまり観念のレベルに，「羊なるもの」というイメージが存在するからである。個々の実在する羊とは別に，観念レベルでの「羊なるもの」という

図Ⅱ-6-3

ものがあるのである。

　さて，ようやく法解釈学に戻ることにする。法律の世界でも，こうした言葉
の使い方の技術を使っている。法律上の規範（特に，近代以降の条文で表現され
ている規範）は，基本的には観念レベルのものである。このあとみていく包摂
過程の中で，実在レベルにあるものを観念レベルにある概念（つまり「人」）に
包摂させるという作業をしていくのである。

　前章までの練習で，条文に書かれている情報を要件・効果に整理するという
ことをした。次のステップは，この要件・効果の中にある概念（例えば，刑法
199条の「人」とか「殺す」とか「故意」，民法709条の「故意」「過失」「損害」）を
明らかにすることである。

　ここで注意しなければならないことは，こうした概念の定義を明らかにする
というのは，いきなり具体的なところにあてはめるということではないという
ことである。つまり，目の前にある遠藤さんとか森さんとかいった具体的な人
物が「人」であるということではない。これはこの次のステップの包摂の作業
にすでに入ってしまっている。そうではなく，あくまでも「人」という観念レ
ベルに存在している概念について，それを抽象的に定義することがこの時点の
作業である。

(2)　刑法199条

　随分長い前置きになったが，これから，いよいよ刑法199条の中の文言の定
義をみていくことにする。

　まずは，「人」の定義である。刑法199条にいう「人」とは，ホモサピエンス

に属する動物の個体であり，すでに出生しており，いまだ死亡していないもの
をいう。とはいえ，幸いなことに，ある動物の個体がホモサピエンスなのか，
それとは近いが異なる種の動物なのかということに悩む実益はない。というの
も，現在，地球上に絶滅せずに活動している動物でホモサピエンスにもっとも
近いのはチンパンジーである。ある生きている個体がチンパンジーかホモサピ
エンスなのかについて悩まねばならない状況はない。チンパンジーが間違って
会社に入社したとか，チンパンジーの子供を保育園で間違って受け入れてし
まったということはあり得ない。過去にはネアンデルタール人というホモサピ
エンスにかなり近い動物も存在していたが，幸いというべきか，現在は絶滅し
ている。そのため，ある個体がホモサピエンスかどうかを現実に判断しなけれ
ばならない状況にはない（判断の実益が全くないことについて思考しないというの
は法解釈学の一つの特徴といってよい）。そのため，「人」が何であるかについて
の定義においては，「出生」と「死亡」が何を意味するかということをめぐっ
てのみ法解釈学の世界では議論されることになる。

　「出生」については，刑法の領域では，母体から子が一部露出した時点で出
生したとされている。他方，「死亡」は，伝統的には，呼吸の不可逆的停止，
心臓の不可逆的停止，瞳孔散大という３つの徴候を備えたときであるとされて
きたが，臓器の移植に関する法律等により，こうした３つの徴候を備えない場
合であっても，脳死状態になった者が同法の定める一定の要件を満たすことで
「死亡」したものとされる。このように定義される「出生」から「死亡」まで
の間のホモサピエンスの個体を殺した場合にのみ，「人」を殺したということ
になり，殺人罪が成立するのである。他方，「出生」以前の胎児を殺害した場
合には堕胎罪の問題になり，「死亡」以後の人間を傷つけた場合には死体損壊
罪の問題になる。

　続いて「殺す」の定義である。「殺す」とは，「故意による生命の侵害」と定
義されている。そして，ここにでてくる「故意」とは，「罪を犯す意思」（刑法
38条）のことをいう。より詳細にいうと，「罪となる事実を認識し，かつ，そ
の実現を意図又は認容すること」（有斐閣・法律用語辞典）である。

(3)　民法709条―「故意」「過失」の観念

　民法709条には，「故意」，「過失」，「権利の侵害」，「法律上保護される利益の
侵害」，「損害」そして，条文上にあるわけではないが，「因果関係」という言

葉について定義を与える必要がある。その全部をみていく余裕はないので，ここでは，「故意」，「過失」についてだけみておこう。

「故意」という用語は刑法にもでてくるが，民法でも使われる。民法では，「自己の行為から一定の結果が生じることを知りながらあえてその行為をすること」（有斐閣・法律用語辞典）と定義されている。「過失」は，「一定の事実を認識することができたにもかかわらず，不注意でそれを認識しないこと」（有斐閣・法律用語辞典）と定義されている。

このように，条文の中の文言については，規範レベルで抽象的な形で定義を与えねばならない。もちろんこれは，自分で勝手に定義するのではなく（この点こそが，「各自めいめいの心で」読む詩との読み方と決定的に異なるところである），法解釈学の世界で共有されている理解に沿った形の定義でなければならない。ここで述べてきた各用語の定義は，教科書で説明されている定義に従ったものである。またこうした定義を簡単に知るための手段として「法律用語辞典」は有用である。この他の各用語についても，法学の世界でどのように定義されているのかを探し，きちんとその内容を理解した上で（！）覚えていくということが必要になる。

2．ケース・スタディ―国籍法2条1号の「父」と「母」

国籍法2条1号については，その要件・効果の整理，そしてフローチャート化を第4章と第5章の練習問題で取り組んできたところである。子の出生時，その子に日本国民の父または母がいれば，その子は日本国民となる。ところでここで言うところの「父」や「母」はどのように定義されるのであろうか。

「母」がどういうものであるかについての規定は法律上には存在せず，判例上，次のように定義されている。「尚，附言するに，母とその非嫡出子との間の親子関係は，原則として，母の認知を俟たず，分娩の事実により当然発生すると解するのが相当である」（最高裁昭和37年4月27日第二小法廷判決）。

続いて，次の文章を読んでもらいたい[2]。「X1とX2は30代後半で結婚後，不妊治療を様々試みたが失敗し，子供を得るためには，米国において卵子の提供を受け，これをX1の凍結保存精子と体外受精し，受精卵を更に別の女性に着床させ，妊娠出産してもらう以外にないと考えるに至った。平成13年8月，カ

―――――――――――
(2)　清末定子「代理出産における母子関係：分娩主義の限界」北大法政ジャーナル18号（2012年）4頁。

リフォルニア州サンフランシスコにてA夫妻と代理母契約を締結し，平成14年
2月，アジア系アメリカ人32歳の女性と卵子提供契約を締結した。平成14年4
月体外受精がなされ，同年10月カリフォルニア州サクラメント市の病院で，A
は男の双子を生んだ。X2は出生と同時に子供の養育を開始し，平成15年2月
二人を連れて日本に帰国した。」この事例において，双子の男の子の母は誰に
なるのであろうか。上記の判例の定義ををふまえて考えてみよう。

　次に，法律上の「父」の定義について考えてみよう。これについては民法の
規定が存在する。まず民法の第772条である。この条文の定める制度は，ロー
マ法にまでさかのぼる。実の母（卵子提供者）は分娩した女性であると古来か
ら容易に突き止めることが出来たのであるが，実の父（精子提供者）が誰であ
るかを正確に突き止めることは困難である。そこで，婚姻関係にある女性は，
夫以外の男性と性交渉をもってはいないというルールを設けた上で，婚姻が成
立してから，あるいは婚姻が解消する前に懐胎された子は，母の夫の子である
（子の視点からみれば，母の夫が父となる）というルールが生み出された（図Ⅱ-
6-4）。しかし，これでもまだ父を確定させるには困難な問題が残る。それは，
子が懐胎したのがいつであるかを正確に特定することも困難であるということ
である。そこで，確実に判定できる婚姻の成立や解消の日付と，子の誕生の日
付との関係性でもって，懐胎した日を推定する方法が案出された。こうした考
え方を我が国の民法も引き継ぎ，民法772条ができあがったのである。

図Ⅱ-6-4

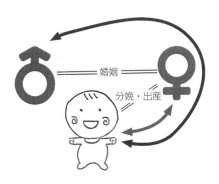

婚姻

分娩・出産

　法律上の父を決める方法には，もう一つある。それは，認知である（図Ⅱ-
6-5）。認知とは，「意思表示又は裁判により親子関係を発生させる制度」（有

斐閣・法律用語辞典）である。母の認知についても民法は定めているが，分娩の事実により母子関係は形成されるので，認知は通常必要とはならない。これに対し，父については，民法第772条で父が決まらない場合，この認知制度を使う形で父を決めることになる。

図Ⅱ-6-5

　ここまでの話をまとめよう。法律上の父がいるかどうかは，まずは婚姻中に懐胎されたかどうか（民法772条）で判断され，この適用がない場合，認知（民法779条）があるかが問題になる。そして認知がなければ，父はいないということになる。

　以上の説明を踏まえ，また，国籍法違憲訴訟の事実関係（第Ⅲ部第1章）にあって，子の出生時の時点でその子に父親がいたかどうかを考えてみよう（課題3）。なお認知の遡及効については考えなくてよい。

練習問題6

(1)　練習問題6.1―民法742条1号の「婚姻の意思」

　最高裁は，婚姻意思がないときとは，「当事者間に真に社会観念上夫婦であると認められる関係の設定を欲する効果意思を有しない場合を指すもの」と定義している。この定義にしたがい次の各場合にあってAとBとの間に婚姻意思（婚姻の合意）があるといえるかどうか考えてみよう。

　　①　外国人のAは，日本に滞在する許可をとるため，Bと婚姻した。
　　②　AはCと婚姻するつもりであったが，婚姻届を出す際，誤ってBの名

前を書いて届け出てしまった。

③ Bの子を妊娠しているAは，この子を嫡出子にするためにBとの婚姻届を
提出した。

(2) 練習問題6.2―民法162条の「所有の意思」

民法162条1項は，「二十年間，所有の意思をもって，平穏に，かつ，公然と他
人の物を占有した者は，その所有権を取得する。」と定めている。この「所有の意
思をもって」とは何を意味しているのであろうか。これは，自主占有を開始する
ことを意味していると解されている。それでは，自主占有とは何か。その有無は，
どのように判断されるのであろうか。この点について民法総則の教科書は次のよ
うに説明している[3]。「所有の意思の有無は，その占有を生じさせた原因たる事実
の性質によって客観的に定められるものであって，占有者の主観によって左右さ
れるものではない。例えば，地上権者や賃借権者は，客観的に所有の意思のない
占有であるため，いくら占有しても所有権を時効取得することはない。ただし，
ⓐ他主占有者が自己に占有させた者に対して，所有の意思のあることを表示した
場合（民法185条前段）や，ⓑ他主占有者が，新権原によりさらに所有の意思を
もって占有を始めた場合（同条後段）には，他主占有が自主占有に転換する。」

以上の説明を踏まえて，次の各事例においてAに「所有の意思」があるといえ
るかを判断しなさい。

① AはBから土地を賃借している。

② AはBから土地を買って引渡しをうけた。

③ Aは無償でBから土地を借りていたが，ある時点でこれをBから買い取った。

④ Aは無償でBから土地を10年という約束で借りており，10年経過後も無断
でここに居座り続けている。

(3) 遠藤研一郎『基本テキスト民法総則〔第2版〕』（中央経済社，2020年）260頁。

第7章

あてはめ（包摂）をし，
文章化する

1. 解　説

(1)　包摂という作業

　要件・効果への整理，そして文言の定義を明らかにするという作業が終わると，いよいよあてはめ（包摂）の作業に入る。要件・効果は規範レベル（つまり観念のレベル）に存在しているのに対し，事実は現実世界に存在していたものである。ここでは現実世界の事象を規範レベルの概念にあてはめるという作業をしていく。

　ここでいよいよ法的三段論法なるものが登場する。三段論法は，アリストテレスに由来する。アリストテレスは，世界のあり方についての論証の構造を明らかにするための方法としての三段論法について詳細に分析した。これに対して法的三段論法は，19世紀のドイツ法学のなかで，事実と規範をつなぐ論証の構造として編み出されたものである。両者は類似しているところもあるものの，さしあたり別物と理解しておいた方がよい。

　アリストテレスの三段論法は例えば，次のようなものである。

　　大前提　人間はホニュウ類である。
　　小前提　ホニュウ類は動物である。
　　結　論　したがって，人間は動物である。

　わかりやすく図解すると図Ⅱ-7-1のようになる[1]。

---

[1]　この図は，篠澤和久・松浦明宏・信太光郎・文景楠『はじめての論理学：伝わるロジカル・ライティング入門』（有斐閣，2020年）93頁からの引用。

図Ⅱ-7-1

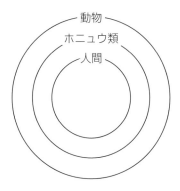

　この図解が示すように「人間」というものは，「ホニュウ類」に属する。また，「ホニュウ類」というものは，「動物」に属する。この２つの前提から，「人間」が「動物」に属するという結論が導かれる。ここにでてくる「人間」も「動物」も「ホニュウ類」もすべてが事実の世界にあるものである。

　これに対し，法的三段論法は，規範の世界と事実の世界とをつなぐものである。法的三段論法は，例えば次のようなものである。

　　大前提　「人」を殺した者は死刑に処せられる。
　　小前提　ナカタさんは「人」を殺した。
　　結　論　したがって，ナカタさんは，死刑に処せられる。

　大前提にでてくる「人」は前に詳細に述べたように，規範の世界（規範レベル）にある概念である。小前提にでてくる「ナカタさん」は事実の世界（事実レベル）の存在である。規範の世界にある概念に事実をあてはめる，あるいは規範の世界にある概念に事実を包摂させる作業が法的三段論法である。ただ，ここにあげた例は，あくまでも法的三段論法をざっくりと説明するものでしかない。実際の法適用過程ではではもっと緻密に，要件ごとに行っていく必要がある。この作業をきちんと間違いなく，また作業中に自分が何をしているのかわからなくならないようにするため，事前にフローチャートを書いておくべきである。フローチャートを書いておけば，それも精密に書いておけばおくほど，この包摂の作業は容易になる。

　以上で，目の前にある紛争に法による解決を与える手がかりを得るために条文を読む（つまり，条文を文字通りの形で適用する）という作業の一応の全プロセスが完了する。すなわち，条文を要件・効果に整理し（できればそれをフローチャート化し），条文中の文言の定義を明らかにし，そして包摂するという作業である。後は，これを文章化するという作業が残るのみである。

(2)　文章化

　ここまでの作業がきちんとできていれば，これを文章化することはさほど難しいことではない。というか，各種の試験の採点者は，このプロセスをきちんとできているかを確認するため答案を読むのである。したがって，ここまでのプロセスをきちんと踏んで考えているのだということが伝わればそれでいいのだが，一応，書き方の型のようなものがあり，その型に従った方が相手にとって読みやすいものとなる。その型とは，次のようなものである。

　　(1)　問題提起　　　　ここで何について考察するかを書く
　　(2)　法の説明　　　　条文が何かを定めているか（要件・効果）を書く。
　　　　　　　　　　　　また，適宜，文言の「定義」を明らかにする。
　　(3)　包摂（あてはめ）　事実を(2)にあてはめる。

　(1)の問題提起は，およそどういう文章を書くときにも必要となることである。これからいったい何について述べようとしているのかを読者にまずは伝えなければならない。そして，法適用の文章においては，どういう法的な問題について考察するかを明確にしなければならない。私法上の問題では，(1)誰が，(2)誰に，(3)何を，(4)何の根拠で（どの条文に基づいて）請求することができるのかという形が問題提起の基本形になる。刑法では，誰がどういう罪に問われるのかということが基本形になる。この問いをしっかり明確にしておくというのが問題提起で書くべきことである。
　(2)法の説明では，(1)の問題に対応するものとしてどういうルールが用意されているのかをまとめることが求められる。ここでは，条文をただ引用するだけでは不十分である。法学の世界にあっては，読み手も当然，手元に六法は置いているという前提で文章を書いてかまわない。したがって，法律の条文をそのまま写し取ることは，六法に載っていないような条文でもない限り不要なので

ある。それよりも大事なことは，条文の内容をどう理解したかを示すことである。どう理解したかということは，この条文の要件と効果をどのように読みとったか，また各概念の定義をどのように理解したかということである。採点者の立場からすると，ただ条文をリライトしただけでは，ここの(2)の課題を放棄したものに等しいという評価になる。条文をただリライトしないようにするためにも，まずはフローチャートを書いてみて，その上で，フローチャートに書いた内容をあらためて文章化するという作業を強く勧めている。それから，ここでは，条文の文言の定義も必要に応じて書いておく必要がある。条文の文言の定義は，条文そのものからは必ずしも明らかにならない。ここで教科書等を使って，各文言がどのように定義されているかを調べなければならない。決して各文言を自分だけの心で読んではならない。条文は，共通の頭で読むものなのだから。

　最後に(3)のところで包摂（あてはめ）を行う。(2)の作業をしっかり行っておけば，さほど難しいことではないが，各要件について丁寧にどういう判断をしたか，そしてどの結論にいたるかを書いていかねばならない。

(3)　「ナカタさん」の例

　前にあげた刑法199条のフローチャートをみてもらいたい（図Ⅱ-5-5・54頁）。
　ここにあがっている4つの要件にそれぞれについて，包摂を行うという作業をする。
　まず，人に対してなされた行為かどうかである。ここでいう「人」とは，人間であって，すでに出生しており，死亡する前のものと定義される。この定義に，「ナカタさん」の例における行為の相手方，すなわち「ジョニー・ウォーカー」が該当するかどうかをみる。引用文をみる限り，この「ジョニー・ウォーカー」なるものは，大声で笑ったり叫んだりしているところからすると人間であり（小説の世界であれば，犬や猫を笑わせたり叫ばせたりできるだろうという突っ込みが入りそうであるが，そこはご容赦いただきたい。この小説全体を読めば，ここでいう「ジョニー・ウォーカー」が紛れもなく人間であることはわかる），またまさしくこうした行動をとっていることから出生前の胎児ではなく，またこの時点ではまだ死亡していないことがわかる。以上から，「ジョニー・ウォーカー」が「人」にあたるといえる。これで一つ目の要件は具備したことになる。
　続いて，「殺すという行為である」というところについての包摂を行う。「殺

す」という行為は，「生命を侵害」する行為と定義される。生命の侵害とは，命を奪うこと，つまり死亡させることを意味する。それでは，ナカタさんが行った行為は，この定義にあてはまるのだろうか。ナカタさんは，ナイフをジョニー・ウォーカーの胸に突き立てている。この行動は，生命を侵害する行為といえる。そして，その結果，「ジョニー・ウォーカー」は大量の出血をし，倒れ，死亡した。したがって，生命の侵害をしているといえる。

　第三に，Ｘの行為の結果Ｙが死亡したという要件である。これは，(1)死亡という結果が生じていることと，(2)その結果とＸの行為との間に因果関係があるかという２つに分解できる。引用文にはジョニー・ウォーカーは死亡しているとはっきり書いているのでこれについては殊更考える必要はない。因果関係の存在は，ある行為がなかったと仮定すればその結果が生じなかったと推論できるときに肯定される。この事例にあてはめると，ナカタさんによるナイフを突き立てるという行為がなければここでジョニー・ウォーカーが死亡したとはいえないと推論できるので，因果関係の存在も肯定できる。

　最後に「故意」の要件について考える。「故意」とは，犯罪を犯す意思と定義される。ナカタさんは，ナイフを自ら握りしめ，何度もこれを突き立てている。こうした行動は，この犯罪を犯す意思がなければとりようのない行為である。したがってナカタさんは故意でこの行為をしたといえる。

　以上のように４つの要件のそれぞれに関し，規範レベルに存在している概念に事実があてはまる（ないしは，包摂される）ことが明らかなので，結論として，殺人罪が成立するということになる。

⑷　「こよみさん」の例

　次に，第１章のこよみさんの交通事故の例でも同じことをやってみよう。

　民法第709条のフローチャートでは，まずは「故意」があるか否かが問題となる。故意とは，「自己の行為から一定の結果が生じることを知りながらあえてその行為をすること」（有斐閣・法律用語辞典）と定義されている。それでは，「少年」は一定の結果，つまり「こよみさん」にぶつかってしまうということを知りながら，あえてその行為，つまりここでは「後続の車」とぶつかるようバイクを操作したのであろう。そうではないことは明らかである。したがって，「少年」に故意はない。

　次に，「過失」を考える。過失とは「一定の事実を認識することができたに

もかかわらず，不注意でそれを認識しないこと」（有斐閣・法律用語辞典）と定義されている。ただ，この定義は，現代の交通事故のような問題を処理するにはやや曖昧なところがあり，今日では「損害の発生を予見し防止する注意義務を怠ること」という説明の方が有力であり，交通事故に関しては，この「注意義務を怠る」とは交通ルール守っていないことという形で理解されている。ここでもこちらの定義で考えていく。そうすると，問題は，「少年」が交通ルールをきちんと守っていたかどうかが問題となる。この「少年」は制限速度を守っていたのであろうか。彼の前で異変が生じたとき，ちゃんとすぐに急ブレーキをかけたのであろうか。

　それから，私がこの小説を読んでからずっと気になっているのは，少年のバイクは「後続の車」の後ろから走っていたのか，それとも「後続の車」の対向車線を走っていたのかである（映画の中でどう描いているかも確認したが，残念ながら事故シーンは見つからなかった）。この違いは，かなり大きい。自動車やバイクを運転するときは，前に走る車が急ブレーキをかけたとしても自分が安全に止まることができるようにしていなければならない。そのため，追突してしまった場合，原則としてすべて追突者が悪いということになる。もちろん例外もある。道路交通法24条は「危険を防止するためやむを得ない場合を除き……急ブレーキをかけてはならない」と規定されている。そのため，前の車が意味もなく（例えば，あおり運転のような形で）ブレーキをかけたのであれば，追突したとしても前の車にも過失があったとして，後続車が全面的に悪いということにはならない。しかし，そうではない限り，つまり前の車が「危険を防止するためやむを得ない」形で急ブレーキをかけ，その結果，追突したとしても，十分な車間距離をとっていなかったとして追突した側が悪いことになる。仮に少年が後続の車の後ろを走っていたのであれば，後続の車が少女を避けるために急ハンドルを切って，急ブレーキを踏んだとしても，十分に止まれるだけの距離をとって走っているべき注意義務があったのであり，その義務に違反しているのだから，少年には過失はあるということになる。しかし，少年が対向車線を走っていた場合はどうなるか。この場合，対向車線からいきなり後続の車がはみ出してきたことになる。このときは，少年が脇見運転をしていたとか，飲酒していたとか，スピード違反をしていたということでない限り，少年に注意義務違反があるとはいえないので，過失はないということになる。少年に過失がなければ，こよみさんは少年に損害賠償責任を追及することはできな

いという結論になる。

　この問題については，結局のところ，もうすこし事実を詳しく調べないと結論がでないということになる。実際の裁判であれば，こういう状況になれば，追加で事実の認定のための作業をすることになる（事実認定を行わない最高裁でこういう状況になれば下級審に差し戻すということになる）。しかし，法学部の試験で出題された問題にあって，追加で事実認定をするというわけにもいかないし，ましてや「問題文が曖昧で答が一義的に出ないので解答しません」ともいえない。こういうときは，場合分けをして論じるという形を取ることになる。

　仮に「少年」に過失があるという場合には，このあと，フローチャートに従って，さらに，「権利の侵害」があったかどうか，「損害の発生」があったかどうか，「因果関係」があるかどうかを一つずつ考えていくことになる。ここでも，それぞれの文言の定義を教科書や辞典でもって明らかにし，そしてその定義の中に「こよみさん」の事例が包摂されるかどうかを丁寧にチェックしていくという作業をしていくことになる。逆に過失はないという場合は，考察はここで終わりということになる。

練習問題7

(1)　練習問題7.1―民法772条

　以下の事例で生まれてくる子の法律上の父および母は誰か。結論だけを書くのではなく，なぜそうなるのか（フローチャートのどこをどう辿ってどの結論にいたったのか）を丁寧に書くこと。

①　A女はB男と結婚し，2016年5月1日に婚姻届を提出した。A女は2017年4月15日に子（3,000グラム）を出産した。

②　A女はB男と結婚し，2016年5月1日に婚姻届を提出した。A女は2016年11月1日に子（3,000グラム）を出産した。

③　A女はB男と結婚し，2016年5月1日に婚姻届を提出した。A女は2016年11月1日に子（1,000グラム）を出産した。

④　A女はB男とは，2016年5月1日に結婚式をあげた。A女は2017年4月15日に子（3,000グラム）を出産した。この時点でまだ婚姻届は提出されていない。

⑤　C女とD男は，2014年より婚姻関係にあったが，2016年5月1日にD男が交通事故で死亡したことにより婚姻関係が解消した。C女は2017年4月

15日に子（3,000グラム）を出産した。
⑥　C女とD男は，2014年より婚姻関係にあったが，2015年5月ごろに別居した。C女はE男とその後，同居を開始した。2016年5月1日に，C女とD男の離婚が成立した。2016年11月2日，C女とE男は婚姻届けを提出した。2017年2月1日Cは子を出産した。

(2)　練習問題7.2─民法5条

鹿児島の高校に通うAは大学への飛び入学により，高校2年終了時で東京にある中央大学に進学することになった。Aの父は，Aが東京で一人暮らしをするための準備のお金として100万円をもたせて上京させた。Aは東京に着くや否や，バイク屋に行き，250ccのバイクを購入し80万円を支払った。Aの父は，この事実を聞き，烈火のごとく怒り，Aに契約を取り消すよう命じ，それをうけたAがバイク屋に行き，契約を取り消したい旨を伝えたところ，バイク屋はすでに発注済みであり応じられないとこれを拒絶した。この事例において，Aの父は契約を取り消し，80万円を取り返すことはできるのか。

(3)　練習問題7.3─民法177条

Aは，祖父の住んでいた故郷の家屋敷を相続した。故郷には帰る予定はなく，処分しなければならないが値段もつかないと思っていたところ，Aの友人Bがやってきて，これを50万で買い取ると申し出た。Aはよろこんでそれに応じた。ところが，Bも知らなかったのであるが，この家屋敷から車で3分のところに高速道路の新しいETC出入り口が設置されることになっており，家屋敷の値段が高騰していることが判明した。そこで近所の不動産屋のCに連絡したところ，Cは300万円の値段をつけたので，Cに売ることにし，すぐに登記も移転した。

(4)　練習問題7.4─民法178条

Aの父が亡くなった。Aが父の単独の相続人となった。Aの父は，1992年式のロードスター（E-NA6CE）を所有していた。Aの父はこの車を大切にしており，ガレージの中で大事に保管していた。Aも乗せてもらったことはなかった。走行距離は8,000キロであったが，タイヤは4本ともパンクし，厚く埃をかぶっていた。車に興味のないAは，この車をどう処分すればいいか悩んでいたところ，父の49日の法要に際し，友人のBが10万円で買い取ると申し出たので，Aがこれを快諾したところ，Bはすぐにか走っていき，お金をおろして10万円を支払った。Bはすぐにでも乗っていくと言ったが，タイヤがパンクしていたし，バッテリー

が上がっているのかエンジンがかからなかったので，一週間後に取りにくるといった。

　Bの妙にそわそわした態度を不審に思ったAがネットで調べたところ，同じような年式の車が200万以上の値段がついていることがわかった。そこでYahooオークションに250万の上限即決額を設定して出品したところ，出品から1分以内にCにより即決額の入札があった。そして，Cはその日のうちにトラックでAの家にきて，250万を支払った上で，車を持っていったのである。

発展的な適用（解釈技法）

1．解　説

　ここでは発展的な解釈における解釈技法についてみていく。Ⅰの第1章でみたように，そのための方法には，次の5つがある。下の図の左から3つが，いわゆる法解釈の技法にかかわるものである。

図Ⅱ-8-1

　以下，それぞれについて説明する。なお本章の段階では，この方法の内のどれをとればよいのかについての判断は扱わない。この点については次章で学ぶことにする。

(1)　条文の文言の意味を少し変える―拡張解釈・縮小解釈

　拡張解釈とは，文言を「普通の意味」よりも広めの意味で理解する解釈のことをいう。Ⅰ第2章の例でとりあげたように，「車」という言葉が乗り物という意味で用いられたり，自動車という意味で用いられるように，言葉というものは，本来，広義・狭義といういくつかの意味をもつ。その中の広義の方で読むのが拡張解釈である（なお，実質的には，法の補充ないし創造を「合理的拡張解釈」あるいは単に「拡張解釈」という場合があるが，それとここで説明する拡張解

釈は別物である）。

　Ⅰの第2章で取り上げた例における「馬」についてあえて拡張解釈をすれば，ロバやラバがやってきたときに，「馬」を「ウマ科の動物」として読み，その通行を禁止するという結論を導いた場合には，この拡張解釈が行われていることになる。

　縮小解釈とは，拡張解釈とは逆に，文言を「普通の意味」よりも狭い意味で理解する解釈のことをいう。拡張解釈が広義の意味で言葉を読むのに対し，縮小解釈は，狭義の意味で読むということになる。車馬通行止のところの例でいえば，「車」を車両という意味にとりつつも，三輪車をここにはあたらないとして通行を可能とするという判断を導くに際し，この縮小解釈という技法を用いていた。

(2)　条文にはっきり書かれていない意味を読み取る─反対解釈

　反対解釈とは，Xという事項についての規定がない場合において，Yについての規定を根拠に，この規定の結論とは反対の結論を導く解釈である。車馬通行止の例でいうと，車や馬でなければ通行してよいという結論を導くことが反対解釈である。文言にはっきり書いているのは，車または馬は通行してはならないということだけであって，それ以外のものがどうなるかについては表向きは何も書いていない。しかし，通行してはならないものを特に明示する形で規定が設けられているのだから，ここにあがっていないものは通行してよいと考えるのが多くの場合は自然といえよう。

(3)　類似性を理由として別の事項についての条文を使う─類推解釈

①　類推解釈とは何か

　類推解釈とは，Xという事項についての規定がない場合にあって，Yについての規定を，XとYとの類似性を理由に適用する解釈である。車馬通行止の例では，牛についての規定はない場合にあって，馬についての規定を，牛と馬との類似性を理由に適用したが，ここで行っていたのがまさしく類推解釈（類推適用）である。

②　類推解釈とは条文の文言の外に適用を及ぼす

　類推解釈とは，条文の文言の範囲を超えてその条文を適用するものである。

拡張解釈は，広義とはいえ，あくまでも条文の文言の範囲で適用するものであった。これに対し，類推解釈とは，文言の意味するところを超えたものに適用させる。この点を理解するため電気窃盗の例を紹介しよう。

　明治13年に公布され，明治15年から明治41年まで施行されていた旧刑法には次の規定があった。旧刑法第366条「人ノ所有物ヲ窃取シタル者ハ窃盗ノ罪ト為シ…」。

　さて，世の中に電気の明かりが灯りはじめた明治の御代，電柱から電線をこっそりひっぱり料金を支払うことなく電気を使った不届き者がいた。この者は警察に逮捕され，窃盗罪に問われることになったが，裁判ではこの「所有物」という文言が何を意味するかが問題になった。

　この「所有物」という文言の裏には，様々な地域を巻き込む実に永い歴史がある。起源は古代ローマである。この地では，各人に各人のものを適正に分配する仕組みとしての法が継続的に練り上げられていたが，その中で，権利能力を有するものに分配される対象全般を示すものとしてres（この訳語として「物」が当てられている）という単語が用いられ，このresには，物体として存在するもの（あるいは触ることのできるもの）としての有体のres（つまり有体物）と無体のres（つまり無体物）があるという分類法が採用された。そして，有体のresに対する権利が所有権であり，この所有権の対象となるresこそが「所有物」であるとされた。こうしたローマ人たちの用語法がその後，西ヨーロッパ世界へと引き継がれ，さらに日本にも伝わってきた。

　こうした用語法に従うならば，旧刑法第366条の「所有物」とは，誰かが所有している有体物という意味に理解しなければならない。ところで電気は，物体として存在するものではなく有体物ではない。したがって，電気は所有物にはなり得ない。そうであれば，電気を盗む行為は，それが悪質な行為であることは確かであるが，この条文を使って窃盗罪を成立させることは本来できないことになる。ところが，時の裁判所は，窃盗罪を成立させた。有体物について規定しているはずの条文を，そうではない電気について適用したのである。ここで行われている解釈は類推解釈ということになる。刑法の領域には，罪刑法定主義という大原則があり，そこから類推解釈の禁止ということが導かれるのであって，この時の裁判所はこの禁止に反して法適用をしたとして批判されている。

　ちなみに，法学というものは，非常に国際性の高い学問である。法学上の議

論は，これまで国や地域そして時代を超えて行われてきたし，今後もそうでなければならない。そのためには各国の言語を超えて理解可能なツールを使って議論していくことが必要である。そのために，先人たちは，国や地域を超えて理解可能な用語を専門用語を練り上げてきており，我が国もそうした専門用語を引き継いでいる。こうした専門用語を正しく使うことは，透明性の高い法学上の議論をしていくための第一歩といえる。こうした伝統から外れて言葉を勝手に読み替えることは決して許されることではない。

③　類似性をどう判断するか

　次に類似性について説明しよう。類推解釈では，条文の文言の示すところを超えた何かに適用するものであるが，あくまでも類似する何かにしか適用してはならない。それではここでいう類似性はどのように判断されるのであろうか。本書で何度も繰り返し強調しているように，法解釈学にあっては，法適用過程を文章化し，他の人による検証を可能としなければならない。類似性の判断についても，同様に，その判断プロセスを文章化し，適切にこの判断を行っているかの検証可能性を確保しなければならない。

　類似しているということはどのように判断されるのであろうか。まずは下図をみてもらいたい。ここに4つのオブジェクト（図）がある。この中のAは，BやCやDと似ているであろうか。

図Ⅱ-8-2

そういわれても困るというのが読者の率直な感想ではなかろうか。類似性というものは，AとB，AとCのような二者関係（二項関係）だけで捉えているとその判断過程をうまく言葉で説明することはできない。

　類似性というものは，むしろ三項関係で捉えねばならない。次の図をみてもらいたい。AとBは両方とも三角形である。つまり，Aという図を抽象化すると，これは「三角形」であると記述できる。そして，Bもまた「三角形」であるという判断を次に行うことができる。そうすると，AとBは，三角形である

という点で類似していると記述することができる。

図Ⅱ-8-3

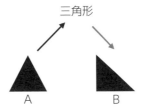

Aという図を抽象化し三角形であると述べたが，抽象化はさらに進めることができる。下図を見てもらいたい。

図Ⅱ-8-4

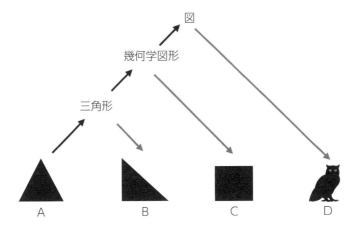

Aをさらに抽象化すると，「幾何学図形」そして単に「図」というところまで抽象化することができる。幾何学図形という点では，AはCと類似している。さらに図という点では，AはDと類似しているといえる。

電気の窃盗事件でこの点を説明しよう。電気窃盗では，当時の刑法の条文が定める「所有物」というものと，電気の類似性が問題となる。所有物というものは，一定の財産的価値をもつものである。財産的価値をもつものとは，通例，金銭でもって取引されるものである。ところで，電気は，費用をかけて発電され，そして使用者は対価を支払って取得するものである。つまりこれもまた財

産的価値をもつものといえる。財産的価値をもつという点で，所有物も電気も
類似しているということができるのである。

図Ⅱ-8-5

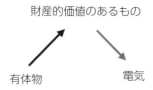

財産的価値のあるもの

有体物　　　　　　　電気

　このように抽象化の度合いが高まれば高まるほど，類似しているものの範囲
は広がっていくのである。それでは，どこまで抽象化することが許されるので
あろうか。それは法の目的をどうとらえるかによって決まる（刑罰規定におい
ては類推解釈は許されないので，こうした抽象化はそもそも許されていない）。この
点について，車馬通行止の例を使って考えてみよう。
　馬を抽象化すると，「大型の四つ足動物」ということができる。この「大型
の四つ足動物」の中に牛も含まれるのだから，この点において，つまり大型の
四つ足動物であるという点において馬と牛は類似しているといえる。ところで，
さらに抽象化の度合いを高めると，馬は「四つ足動物」であるといえる。四つ
足動物には鹿や犬も含まれるので，鹿や犬も類似しているということになる。
さらに抽象化を進めると「動物」というところまで抽象化が可能であり，そう
するとウサギもまた類似しているということになる。
　それでは，どこまで抽象化が許されるのであろうか。どこまで類似を理由に
適用範囲を拡大させることができるのであろうか。この問いに対する答えとし
ては，さしあたり法の目的の許す範囲という形で答えておこう。車馬通行止の
例では，重量物の通過による橋の劣化を防止するということが条文（高札）の
目的であった。そうであればこそ，一定の重量をもつ「大型の」動物の通行を
禁止するということは法目的に適っているということになり，そうではない
四つ足動物やただの動物までも通行を禁止するということは，法の目的には
適っていないということになるわけである。

図Ⅱ-8-6

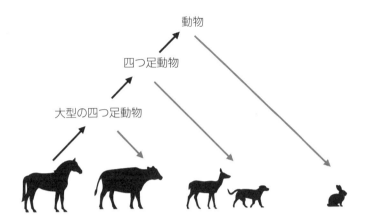

(4)　条文を削除する―違憲審査権

　憲法には裁判所には違憲審査権が与えられている。この権能を用いて，裁判所は法の解釈を行うにあたり，条文の全部または一部を削除することができる。

　法学では（特に法解釈学では），裁判官に対し，どのような解釈をするべきかを提言していくというスタイルで物申している。そのため裁判官がもつこの権限を行使すべきと裁判官に対して提言していくということもオプションの中に入っている。とはいえ，国民の意思を反映させて国会が制定した法律を削除するということはよほどのことでないとできるものではない。日本国憲法が施行されてから70年以上がたつが，この間，最高裁判所が法律を違憲であると判断したのは，10例余りにすぎない。

　その例を一つだけ簡単に紹介しておこう。1973年，最高裁は，刑法200条が憲法に違反するとの判決を出した。刑法200条には，「自己又ハ配偶者ノ直系尊属ヲ殺シタル者ハ死刑又ハ無期懲役ニ処ス」とある。この一つ前の刑法第199条は，「人を殺した者は，死刑又は無期若しくは五年以上の懲役に処する。」とある。この２条の関係を簡単に説明する。殺されたのが，殺した人の尊属（有斐閣・法律用語辞典によると「血族のうち，父母，祖父母など自分より前の世代に属する者」）であれば200条，それ以外の者であれば199条が適用されるということになる。そして，200条の場合には，死刑または無期懲役のいずれかしか選択肢がないのに対し，199条は，この他に「５年以上の懲役」という選択肢

もあり，こちらの方が裁判官の裁量幅が大幅に広くなっている。この裁量幅の相違は，執行猶予をつけることができるかという点で決定的な相違となる。執行猶予は3年以下の懲役刑の言い渡しを受けた場合につけることができるが，第200条では法定刑が死刑または無期懲役となっており，軽い方の無期懲役を選択し，さらに減刑をしたとしても3年以下にはならない。そのため，尊属を殺害した者は，どんな情状が善かろうと，実刑になってしまう。

　1973年の最高裁判決で問題になった事件では，被告人の情状酌量の余地が非常に大きいにもかかわらず，刑法を機械的に適用すれば刑法200条の問題となり実刑判決を下すしかないという状況下で，裁判所は，この刑法200条は憲法に違反し無効であるとして，199条を適用した上で執行猶予をつけた。その後1995年になってようやく国会は刑法を改正し，刑法200条を削除したが，それまでの間，この条文は形式的には存在しているものの，実際には適用されない条文となっていた。

(5)　補充的に新たなルールを創造する—条理の適用

　ここまで述べた技法は，文言の意味の読み替え，文言との類似性，文言との削除というように，何らかの形で条文の操作が含まれていたが，こうした条文の操作とは関係ない形で行われる方法も存在する。それは，法のすきまを埋めるため，新たな規範を創出し，その規範を適用する形で裁判を行うということである。

　果たして裁判所にこういうことをする権限があるかという点は説明が難しいが，これまで裁判所がこうした方法を用いてきたのも確かであるし，またこの技法なくしては適正な裁判が実現できないという局面も存在する。

　比較的こうした補充が認められやすい民法の領域から例をとって説明しよう[1]。1979年，北海道知事選挙に立候補を予定していた候補に関し「北方ジャーナル」という雑誌が，ある記事を書こうとしていたところ，この記事の内容に問題があるとして，この候補者がこの雑誌の出版の差止を求めたという事件が起きた（北方ジャーナル事件）。この申し出を裁判所は認めた。しかし，ここで問題なのは，民法にはこうした差止請求ができるとはどこにも書いていないということである。不法行為に関する709条以下の条文のどこにも，不法行為の

---

[1]　以下の説明は，広中俊雄『民法解釈方法に関する十二講』（有斐閣，1997年）85頁以下に専ら依拠したものである。

効果として差止ができるとは書いていない。物権的権利があればその権利の保全のため差止を認めることができるが，この事件において民法が明文で定める何らかの物権的権利が侵害されているというわけではない。それでも，裁判所は差止を認めた。その後，この処分の妥当性をめぐって最高裁にいたるまで争われたが，最高裁判所はその妥当性を肯定した。つまり，差止を認める条文上の根拠はないにもかかわらず，この事件で裁判所は差止を認めるという結論が妥当であるとしたのである。このことは，裁判を通じて条文にはない新たなルールを創出し，そのルールに従って裁判を行ったということを意味する。

　しかし，こうした法の創造は果たして可能なのであろうか。三権分立の原理の下では，法を創る権限は立法府（つまり国会）にあるのであって，裁判所は国会がつくった法を単に適用するだけなのではないか。それにもかかわらず，このような法創造を裁判所は行ってもよいのであろうか。

　実は世界を見渡してみると，こうした法創造が可能であるということを明文で認めている例もある。その例としてスイス民法をとりあげよう[2]。スイス民法1条2項は次のように規定している。「この法律に規定を見出すことが出来ない場合には，裁判所は，慣習法により，それもない場合には，自己が立法者ならば法規として定めるであろうと考えるところに従って判断しなければならない。」ここにはっきりと書いてあるように，裁判官は，法律も慣習もない場合には，「自己が立法者ならば法規として定めるであろうと考えるところ」に従ってルールを立て，そのルールに従って裁判をするようにと定めている。ただ裁判官は，こうした場合でも，好き勝手にルールを創っていいわけではない。続く第3項では次のように規定している。「その際，確定した学説や判例に従わねばならない。」つまり，裁判官は，過去の判例と整合的に，また様々の学説というものを踏まえた形で補充的に法を創るという作業を行わねばならないのである。

　ところで，日本にこのスイス民法のような規定はあるのだろうか。機能的にもっとも近いものが「法の適用に関する通則法」の第3条である。ここには，法律がない場合には慣習によって裁判すべきことが規定されているが，それもない場合にどうするかについての規定は存在しない。こうしたときの対処方法を定めたものとしてしばしばあげられるのが明治8年太政官第103号布告裁判

---

(2)　以下の説明は，小沢奈々『大正期日本法学とスイス法』（慶應義塾大学出版会，2015年）に専ら依拠している。

事務心得3条である。それには次のようにある。「民事ノ裁判ニ成文ノ法律ナキモノハ習慣ニ依リ習慣ナキモノハ条理ヲ推考シテ裁判スヘシ」。この布告は,まだ近代的法制度がほとんど整備されていない明治初期にあって,当面の間,どのように裁判していくべきかを定めた簡単な法令である。ここにでてくる「条理」という文言でもって立法者が何を意味させていたのかはよくわからない。「不条理」という言葉はよくわかるが,「不」がとれるととたんに日本語としての意味が不明になる。とはいえ,その後,法典編纂がなされるまでの間,この条理は大活躍した。裁判にあたって明文のルールがみあたらないとき,この条理の名の下で外国法（特にフランス民法）が適用された。しかし,法典編纂が完了すると,こうした条理は不要になり,上記の条文を引き継いだとされる法例（現在の法の適用に関する通則法の前身）の中では,条理という文言は落とされてしまった。しかし,その後,あらためて条理が復活してくる。大正時代に入ると,裁判官による法創造を積極的に認めていくべきという考え方が主流になっていく。その中で,太政官布告の規定を用いて,その中にある条理の名を使って,裁判において補充的法創造をしていくべきという考え方が提唱されるようになった。

　この太政官布告の規定がいまなお有効であるのかについては疑問の余地は確かにある。しかし,非常に限られた場面であるとはいえ,裁判を通じた補充的な法創造が必要なときというのは疑いなく存在する。こうしたときに法創造を認めないと,憲法上認められている裁判を受ける権利（これは単に裁判を受けるということではなく,憲法に則った適正な裁判を受ける権利である）が保障されないという状況が生まれてしまいかねない。そこで,こうした場面では,スイス法と同様,従来の判例や学説を踏まえつつ[3],新たなルールを創り出すことも求められていると多くの法学者は考えている。

---

(3)　笹倉は,条理（実定的原理）による裁判ついての説明にあたり,これは全くゼロから法を創造しているというよりも,「制定法等からハシゴをかけてとらえられる」ものを裁判を通じて認識し,これを適用していると説明している（笹倉秀夫『法解釈講義』（東京大学出版会,2009年）157頁)。

練習問題 8

(1)　練習問題8.1―憲法76条 3 項の「法律」

　憲法76条 3 項には，「すべて裁判官は，その良心に従ひ独立してその職権を行ひ，この憲法及び法律にのみ拘束される。」とある。ここでいう「法律」とは何を意味するのだろうか。

　憲法59条 1 項には「法律案は，この憲法に特別の定のある場合を除いては，両議院で可決したとき法律となる。」とある。ここでいう「法律」とは国会が制定した成文法のことを意味する。また，憲法74条には次のようにある。「法律及び政令には，すべて主任の国務大臣が署名し，内閣総理大臣が連署することを必要とする」。ここでいう「法律」も同様である。また，ここでの「法律」には政令は含まれないことは明らかである。この他にいくらでも例をあげることができるが，日本国憲法における「法律」という用語は，通例は，国会という議会が定めた成文法のことを意味している。

　それでは，この意味で憲法76条 3 項を解釈したらどうなるのであろうか。そうすると，裁判官は，憲法と法律に「のみ」といっているのだから，政令をはじめ，それ以外の法形式（例えば，条例，規則，条約など）には拘束されないということになってしまう。しかし，憲法73条 6 号には内閣は政令を定めることができるとあり，また憲法94条は地方公共団体が条例を定めることができるとある。それにもかかわらず，裁判官は政令や条約には拘束されないのであろうか。そんなことはないはずである。それでは，いったいどうすれば，裁判官は，政令や条例にも従わねばならないという結論を導くことができるのだろうか。

(2)　練習問題8.2―憲法 9 条 2 項の「戦力」

　憲法第 9 条第 2 項には，「前項の目的を達するため，陸海空軍その他の戦力は，これを保持しない。国の交戦権は，これを認めない。」とある。しかし，この条文があるにもかかわらず，日本は世界 5 位の軍事力ともいわれる自衛隊という組織をもっている。自衛隊は憲法第 9 条第 2 項の「戦力」にはあたらないのだろうか。「戦力」を言葉の通常の意味に従って読むならば，つまり文理解釈をするならば，自衛隊は憲法に違反すると言うことになろう。もし憲法に違反しないという結論を出そうとするならば，どのような解釈をすればよいか。

(3)　練習問題8.3―民法733条 1 項

　民法733条 1 項は，「女は，前婚の解消又は取消しの日から起算して百日を経過

した後でなければ，再婚をすることができない。」と定めている。この条文には「女」についての規定しかない。それでは「男」はどうなるのであろうか。男は離婚すればすぐにその翌日からでも再婚できるのだろうか。それとも，男にもこの規定は適用されるのであろうか。

　問１　男はすぐに再婚できるという結論を導くためにはどういう解釈をすればよいだろうか。

　問２　男も再婚できないという結論を出すためにはどういう解釈をすればよいだろうか。

⑷　練習問題8.4—憲法31条

憲法31条は「何人も，法律の定める手続によらなければ，その生命若しくは自由を奪はれ，又はその他の刑罰を科せられない。」とある。少々意外かもしれないが，この条文が死刑が合憲であることの根拠条文として用いられることがある。このときどういう解釈をしているのか。

第9章

妥当性の総合的判断

1. 解　説

　文字通りの適用が一通りおわると，その結果ででてきた結論の妥当性を総合的に評価することになる。ここでの評価の結果，問題がなければ法解釈はおわることになるが，問題があれば，発展的な適用を行い（その中で条文の読み替え等がはかられてルールに何かしらの変更が加えられ），あらためて当てはめを行った上で，その結論（および法解釈）の妥当性の評価が行われることになる。こうした妥当性評価の過程について本章では取り上げることとする。

　この評価は，何を何に照らして行われるのであろうか。そのための実質的基準として，①憲法，②立法者意思，③法目的，④体系性，⑤具体的妥当性をあげる。ここで「実質的」といっているのは，文言という「形式」でないということを意味する。まずは文言とは一応，切り離して実質的基準への適合性を評価する必要がある。

　こうした一連の総合的評価の枠内では，自分の考える法解釈とあわせて，他の人が行っている法解釈についてもその妥当性を評価しなければならない。そのためには，いま問題になっている条文の問題になっている箇所についての他の人の意見を収集しなければならない。そしてその意見を理解した上で，ときにはその意見に賛同し，ときにはそれとは違う法解釈を創っていかねばならない。このような作業をしていくための方法として，本書では，循環式思考というものを提案する。

(1)　実質的基準

まずは，妥当性の判断をするにあたって用いられる実質的基準について見て

いくことにする。

　車馬通行止の牛・鹿の例を思い出して欲しい。そこでは，牛については類推解釈をし，鹿については類推解釈をしないで反対解釈をするという結論にたどりついた。なぜ結論が分かれたのであろうか。類推解釈を行うか反対解釈を行うかという選択は，いかなる基準に拠っているのであろうか。車馬通行止めの例では，この判断を行うにあたり，車馬通行止という高札がなぜ出されたのか，その高札を掲げた目的が何であったかということから考えたことを思い出してもらいたい。その目的は，老朽化した橋を守ることにあった。老朽化した橋のこれ以上の劣化を防ぐため，重量物の通行をやめさせることにこの禁令の目的はあった。この目的に沿った形で行う解釈こそが適正な解釈ということになったのである。この目的が実質的基準である。こうした実質的基準についてより詳しく本節ではみていく。

　実質的基準となり得るものとして，①憲法，②立法者意思，③法律意思，④体系性，⑤具体的妥当性の五つがあげられる。以下，それぞれについて見ていくことにしたい（なお，車馬通行止における，重量物の通過による劣化から橋を守るという目的は，この②または③にあたる。高札を掲げるにいたるプロセスを記録した資料から，立法者本人が明示的にこの目的をもっていたことが確認できるのであれば②であることになり，それができず諸状況から現時点でこうした目的があることが了解されるのであれば③ということになる）。

①　憲　法

　裁判所は，憲法の番人ともいわれる。憲法に則った裁判をすることこそが窮極的には裁判所の目的といえるので，憲法が実質的基準になるのは当然のことといえる。とりわけここで問題になるのが人権の規定である。人権に反するような結論をだす法解釈はそれだけで妥当なものとはいえない。

　ある法解釈が憲法に明確に違反するわけではないという場合であっても，法解釈は，憲法の精神にできるだけ沿ったものであることが求められる。法解釈の妥当性を判断するにあたっては，この意味でも憲法が一つの基準を提供しているといえる。

　ただ，憲法の条文は概して解釈の幅が広い。したがって，ある解釈が憲法に反するかどうかの判断のために憲法の条文を用いた場合，憲法の条文についても解釈を行わねばならないし，かなり頻繁にその解釈をめぐっては意見が分かれるものである。こういうときには，憲法の条文についても，以下でみていく

立法者意思や法律意思といった実質的基準を用いて解釈していかねばならない。

② **立法者意思**

立法者意思とは，その名が示す通り，立法者が考えていたことを意味する。成文法を作るにあたって，その草案を起草した人，そして法案を審議し，議決した人がいる。こうした人々が考えていたことが立法者意思である。

立法者は自分たちが考えたことを表現すべく条文をつくっている。したがって，通常は，条文を素直に読めば立法者意思は理解できるはずである。しかし，時に，個々の条文の文言だけでは立法者の考えを一義的に確定させることができない場合がある。そういうときには，立法者意思を突き止める作業を意識的に行う必要がある。

まず個々の条文の意味について，その一つの条文だけではなく，前後にある条文，さらにはその成文法規全体の趣旨を理解し，その全体の趣旨に即した形でその条文の意味を捉えるという方法をとる。およそ文章というものは，コンテクストの中で意味が決まるものである。そのため，一部分だけを切り取るだけでは，書き手が何を考えていたかを適切に理解することはできない。条文についても同じことがいえる。一つの条文だけを読んでわからないことでも，全体を理解すれば，立法者が明示的には述べていないものの，立法当時しっかりと念頭に置いていたことを読み取ることも可能である。

もう一つ別の方法として，立法過程を調査するというものがある。かつてのように法令が王や皇帝の独断で決められていた時代には，立法過程についての情報を国民が得ることは困難であった。しかし，議会という公開の会議体で立法するようになると，その会議の席上での議論の記録が残されるようになる。この記録（例えば，国会の本会議や委員会の議事録）をみることで，その法律や条例をつくるにあたって，立法者たる議会が何を考えていたかを突き止めることが可能である。また，こうした会議では，法案を立案した人自身が出席し，質問に答えることがある。こうした質疑応答の中で，立案者が行った自分の案について説明もまた，大いに参考にすることができる。

③ **法律意思**

立法者意思について探求しても，結局のところ，自分が直面している問題についての解答を得られないこともある。また，立法者意思に辿りつくことができても，それがあまりにも時代遅れであったりして，実質的基準としては心もとないという場合もある。こういう場合には，立法者意思に反した形での解釈

をしなければならない。

　このような場合，当該の条文をもつ意味（特に，それが現代において持つ意味）について再構成していくという作業をしなければならない。もちろんこの作業をするにあたっては，自分で好き勝手に意味を与えるのではなく，成文法規全体の趣旨や歴史的沿革を踏まえ，また社会的状況，人々の価値観，衡平性，正義感覚への合致などを踏まえて考察しなければならない。

④　体系性

　一つひとつの条文に定まる制度は，それぞれバラバラに存在しているものではない。その条文がおさまる成文法がもつ体系的なまとまりの中に位置づけが与えられている。法解釈は，こうした体系的位置づけに即して行われねばならない。したがって，こうした体系性に合致していることも法解釈の妥当性をはかる重要な基準となる。

　体系性は，成文法の内部だけに存在するものではない。それぞれの成文法もバラバラに存在しているのではなく，相互に様々な形で関連し合っている。例えば，ある成文法と別の成文法は，ときに上位法・下位法の関係に立ったり，一般法・特別法の関係に立つ。こうした法秩序全体の中におけるその成文法の位置づけを確認し，その位置づけに即した形で条文を解釈することも求められる。

⑤　具体的妥当性

　そもそも裁判というものは，面前にある事件を適正に解決するためのものである。そのため，適正な解決を導けるような解釈こそが妥当な解釈であるということもできる。この点については，藤田宙靖裁判官の次の言葉がわかりやすいので引用しておこう[1]。

　　　裁判官にとってまず何よりも大事なのは，目の前に存在する事件において，自分が行うべき判断の前提となる事実は何であるかについて正確に把握すること（正確な事実認定）であり，次いで，その個別の事実関係を前提とした上で，最も適正な紛争解決のあり方は何かを判断することであります。法律の条文の解釈というものは，「最も適正な紛争解決」を目指しての判断過程の中での（もとより極めて重要ではありますけれども）一部

(1)　藤田宙靖『裁判と法律学―「最高裁回想録」補遺』（有斐閣，2016年）14頁。

の作業であるに過ぎず，憲法の規定であるとか法の一般原則が引き合いに出されるのも，基本的にはあくまでも目の前の具体的な事件について「最も適正な解決」をもたらすための一手段であるに過ぎません。すなわち，「憲法の基本的価値」だとか「法の一般原則」の実現自体が自己目的とされているわけでは決してないのです。

　この具体的妥当性という基準は，いわば他の基準の伴走者であり法解釈の中で常に意識しておく必要があるものである。

(2)　循環的思考
①　全体像

　文字通りの適用（つまり文理解釈）の結果でてきた結論が，上述のすべての実質的基準に合致するならば（つまり憲法に違反せず，また立法者意思に沿ったものであり，またその立法者意思が今日においてもその条文の法目的として妥当しており，体系性にも合致し，具体的妥当性もあるということであれば），これ以上何かを思い悩む必要はなく，法適用過程はここで終了してよい。確かに，現実の法適用の場面では，多くの場合，こういうことになろう。

　ところが，とりわけ大学の法学という学問領域で取り上げられているトピックでは，このようにきれいにすべての基準に適合する法適用が可能なわけではなく（むしろ，そうではないからこそ，そのトピックは多くの研究者たちの研究対象として取り上げられ，講義の中で教材として取り上げられている），その結果，さまざまな法解釈が提唱されることになる。そうしたトピックでは，上述の各実質的基準のそれぞれについて丁寧にその適合性を検証していくという作業を行った上で，さまざまな法解釈のうちのどれがもっとも説得力のあるものであるかを自ら判断しなければならない。その検証過程と自らの結論の導出過程を文章化し，その過程が適切に行われているかを別の者によりチェックしてもらうことができるような形にしておかねばならない。

　意識的に丁寧にこの作業を行うため，初学者を対象とする本書では，さしあたり次の方法をとってみることをお勧めする。この作業は，図I-1-6（9頁）の⑤結論の妥当性の総合的評価，⑥発展的な適用，④あてはめ（包摂）を経て，再度⑤に戻るというラウンドを回る形で進む。このラウンドを何度も回った上で，最後にもっとも説得力がある法解釈はどれであるかについて判断をすると

いうものである。このプロセスを図解したものが次の図Ⅱ-9-1である。なお説明の便宜上，以下では，⑤のところは🅳と🅰に分割する。⑥は🅱と，④は🅲と表記する。この🅰から🅳を回るラウンドを何度も回りながら思考を深めることを本書では循環的思考と呼んでいる。

図Ⅱ-9-1

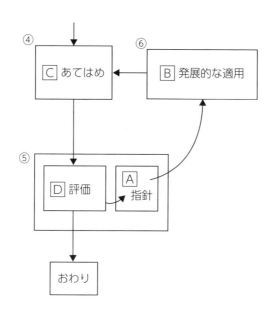

🅰では，実質的基準のうちの一つを選択し，当該条文におけるその基準が具体的に何であるかを明らかにする。そしてその基準を法解釈の指針として設定する。次に🅱に進み，文字通りの適用の際に明らかにした要件・効果および定義に必要に応じて修正を加える。そして，🅲に進み，あてはめを行い，結論を導く。その上で，再度🅳に戻り，新しい結論の妥当性を改めて検討する。

②　ステップ1—まずは1ラウンド回ってみよう

　まずは，文字通りの適用をふまえ，その結果直観的に具体的妥当性の有無を自分で判断してみよう。この時点では，ラフな形の判断で構わない。法解釈というものは，最終的に自分がどのように解釈するかを決めなければならないのであるが，はじめからいきなり他人の見解を見ると，それに引き寄せられてしまい，自分で考えることができなくなる。まずは，ラフで構わないので自分で

考えてみるという姿勢が大事である。文字通りの適用の結果を直観的判断し，これが妥当でないと思うならば（例えば，Ⅲの第1章で取り上げる国籍法事件であれば，上告人である子に日本国籍が与えられないのはおかしいと思うなら A に進む。おかしいと思わないのであれば，ステップ2に進んでもらいたい。

A　ここではあくまでも直観的に，どういう結論であれば，具体的妥当性に適っているかということを考えてみよう。

B　続いて，A のところで考えた結果を導くために，発展的な適用のどの方法を用いればよいか考えてみよう。そして選択した方法を用いて，文字通りの適用の際に明らかにした要件・効果および定義に修正を加えてみよう（できれば，その上で，文字通りの適用の際に作成したフローチャートに修正を加える）。

C　その上で，修正した要件・効果・定義（あるいはフローチャート）を踏まえて，事案へのあてはめを再度行ってみよう。ここで文字通りの適用の結論とは異なる結論に至ることができないのであれば，発展的な適用にいったん戻って，別の方法を選択しなければならない。

③　ステップ2—情報を収集しよう。他人の意見を聞こう

　ステップ1で，総合的評価，発展的な適用，再度のあてはめというプロセスを1ラウンド回ったことで，問題状況は大体つかめたはずである。この段階で，もし読者の皆さんが同級生や友人たちと議論をすることができる環境にいるならば，ここでその条文の解釈をどうするかについての議論を簡単にしてみよう。いろいろな価値観や，解釈の方法があることに気づかされるであろうし，自分が見落としていたポイントを教えられることもあるだろう。また，いろいろな疑問も湧いてくるのではなかろうか。また，この段階で，教科書等から情報を集めることにしよう。いま皆さんが向き合っているのが法学部で取り上げる典型的なトピックであれば，教科書の中にいろいろな学説が紹介されているはずである。また，教科書執筆者の先生の見解も紹介されているであろう。いまわれわれがやっている作業のさしあたりの終着点は，こうした様々な意見の中のどれが一番説得力あるかを自ら判断することにある。その説得力とは，いろいろある意見のどれがもっとも上記の実質的基準によりしっかりと適合しているかによって決まる。

　議論や文献調査により様々な意見についての情報を集めたならば，その情報を携えて改めてラウンドを回り直すことにしよう。

A　まずは，実質的基準の内の一つを選ぼう。ここでは立法者意思を選んだこ

とにして説明を続ける。そうすると，教科書等で当該条文の立法者意思について述べている箇所を探し，その内容について文の形でメモを残しておこう（なお，本格的に研究として法解釈を行うのであれば，立法者意思についての情報を教科書に頼るのではなく，自分で立法資料にあたることが必要となる）。

Ⓑ　立法者意思の内容を確定させたならば，次に，どのような解釈方法をとれば，立法者意思をより的確に実現できるかを考えてみよう（なお，多くの場合，条文の文言は立法者意思を反映したものになっているので，発展的な適用のところにあげているいずれかの方法ではなく，文字通りの適用のところで行った方法がとられることになる。ただ，比較的稀にではあるものの，立法者意思と条文の文言がズレていることもある）。その上で，文字通りの適用のところで行った要件・効果または定義に修正を加えよう。

Ⓒ　修正を加えた要件・効果または定義に従って，当てはめを行い，結論を出す。

　④　ステップ３―二度目，三度目を回ろう

　２ラウンド目を終えて改めて総合的判断（Ⓓ）のところにもどってきたならば，今度は，別の基準，すなわち法律意思や体系性に従って考えてみよう。法律意思は，前述のように，立法者意思がわからない場合，あるいはそれが時代遅れとなっているような場合に設定されるものである。教科書等で集めた情報の中に，立法者意思とは違う形でその条文の目的や趣旨を述べているものがあれば，それが法律意思ということになる。それが何かを読み取った上で，ここでもしっかりと文章の形でのメモを残し，またラウンドを回ってもらいたい。立法者意思とは異なり，法律意思は，その性質上，これが何かについて意見が分かれていることもあり得る。その場合は，各説それぞれに従った形で何度もラウンドを回ることが求められる。

　このラウンドを回る方法を活用することで，他人の意見を理解することもできる。ある学説を理解するためには，その学説がどのような実質的基準に重きを置いているのか（つまりⒶのところでどのような選択を行っているのか），そしてどのような解釈方法をとっているか（つまりⒷのところでいかなる選択を行ったか），そしてその学説によるといかなる結論がでるか（つまりⒸ）についての情報を押さえると，理解が促進される。単に字面だけで他人の意見を追うのではなく，その意見がもつ意味をその意見を唱えている人の目線に立って考えてみることで他人の意見はより深く理解できるようになる。

⑤　ステップ４─最終的判断

　何度もラウンドを回ることで，様々な意見の特質がわかったはずである。最後に，各意見が各実質的基準，そして形式的基準（つまり，条文の文言への一致）にどの程度適合しているかを整理してみよう。そして，この問題において最も重視しなければならない基準が何であるかを考えてみよう。たいていの場合，以上の作業を着実に積み重ねることで，どの意見にもっとも説得力があるかを客観的に明らかにすることができるはずである。

（3）　文章化

　ここまでの作業を踏まえ，その結果を文章化してみよう。文字通りの適用の際のような定型的な書き方があるわけではないが，概ね次のような順序で書いておけばよいだろう。

⑴　文字通りの適用（文理解釈）を行ったらどのようになるか。

⑵　当該条文の解釈に関する様々な意見（解釈論）を整理する。各意見がどのような実質的基準に依拠し，どのような解釈方法をとり，どのような結論を導くものであるかをまとめる。

⑶　各意見がどの程度実質的基準や文言に適合しているか，あるいは適合していないかを指摘する。

⑷　どの意見にもっとも説得力があるか，すなわち５つの実質的基準にもっとも良く適合しているかを述べる。

2．ケーススタディ

　ここまでの説明はやや抽象的であるので，具体例を使って改めて説明していこう。

（1）　民法177条の第三者

①　事　例

　Ｙは，建物をＸから購入した。この建物はＸが建てたものであった。Ｙは購入後，登記はしていなかった。その後，海外に赴任し，数年後に帰国してみたらＺがこの家に住み着いていた。

　このような事例において，Ｙは，自分が所有者であると主張して，Ｚから取り返すことはできるのであろうか。

②　文字通りの適用

　ここでは民法177条の適用が問題となる。民法177条によると，物権変動を「第三者」に主張するためには「登記」があることが求められる（簡略な形でフローチャートを書くと次のようになる）。

図Ⅱ-9-2

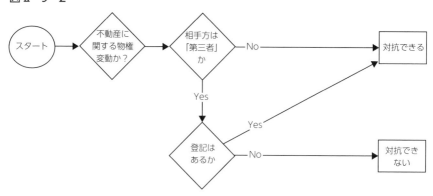

　不動産に関する物権変動であること，登記がないということに疑問を差し挟む余地は全くない。したがって，この事例で問題になるのはＺが「第三者」にあたるかどうかのみである。通例，「第三者」とは，売主でも買主でもないものを指す。そうすると，Ｚは「第三者」であるということになる。以上を踏まえると，登記がない以上，ＹはＺに自らが取得した所有権を対抗することはできないという結論にいたることになる。これが文字通りの適用の結論である。

③　ステップ１―直観による具体的妥当性の判断

　以上の文字通りの適用の結論を踏まえ，循環的思考を開始しよう。

Ⓐ　この結論は果たして妥当といえるのであろうか。まずは，この結論が具体的妥当性を帯びているといえるかについて直観的に考えてみよう。Ｙは確かに所有権を取得している。所有権は本来，誰にでも主張できる権利であるはずである。それにもかかわらずＺに自らの権利を主張（対抗）できないのはおかしいと感じるだろう。

Ⓑ　それでは，どのような方法をとればいいのだろうか。この答えは縮小解釈である。縮小解釈は，車馬通行止の女の子の三輪車の例で用いた方法である。それと同じように「第三者」を縮小解釈し，Ｚは「第三者」ではないというこ

とにすればよい。それでは，民法177条の「第三者」とはどのように再定義されるのであろうか。この点は，直観的に考えている現時点ではすぐにはでてこないところである。この点はさしあたりペンディングにして先に進もう。

Ⓒ　「第三者」の定義をペンディングにしている現段階では，まだ当てはめを行うことはできない。さしあたり，「第三者」をＺが入らない形で再定義できれば，ＹがＺに自らの所有権を対抗できるという結論を導き得ることを確認しておこう。

④　ステップ２—情報の収集

　ここで教科書を開いて，民法177条の「第三者」の意義をめぐりどのような議論があるかを調べてみよう。

　このトピックは大変有名なものであり，物権法を扱っている民法の教科書では必ずでてくる。この問題については，かつて無制限説と制限説との対立があった。無制限説では，「第三者」とは，物権変動の当事者（例えば売主と買主）以外のすべての者を指すとされる。これに対し，判例がとる制限説では，ここの「第三者」とは，「登記の欠缺を主張する正当の利益」を有する者と解されている。

　さて，無制限説をとればＹはＺに所有権を対抗できる可能性がでてくるわけであるが，制限説と無制限説は果たしてどちらが妥当なのだろうか。実質的基準にどちらの方がより説得力を有しているのであろうか（なお今日では制限説が通説である）。ラウンドを回りながら考えていくことにしよう。

⑤　ステップ３—立法者意思

　二度目のラウンドを回ることにしよう。ここでは，判断の実質的基準として，また解釈の指針として立法者意思に重点を置いた形で考察していこう。

　民法177条の立法者意思については，鎌田論文[2] が実証的に分析した上で，簡潔に次のようにまとめている。それによると，立法者はここで無制限説をとっていたが，それは「公示の有無という外形的画一的基準によって権利の存否を確定しうるものとして，紛争処理を簡易化し，取引の迅速と安全を確保するとともに，強い制裁措置によりすべての物権変動を公示させようとする意図に基づく」ものであったとのことである。つまり，公示（つまり登記のこと）をしないと権利主張をできない場面が生じさせることにより，不動産の取引を

---

(2)　鎌田薫「対抗問題と第三者」星野英一編『民法講座〔第２巻〕』（有斐閣，1984年）67頁以下所収。

した者に登記をするよう強く促すということにその理由があったということになる。

　この理由の是非は別にして，立法者意思という基準に従えば，文字通りの適用の結果でてきた結論は妥当ということになる。つまり，Ｙが登記をしなかったのが悪いのであって，やるべき登記を怠ったＹはとりたてて保護する必要はないどころか，こうしたＹが不利益を蒙ることで，今後，人々は登記をするように促されるのだから，Ｙを救済するということは全く余計なことであるということになる。

　このように考えられる以上，発展的適用により民法177条の「第三者」を読み替える必要はなく，法適用の過程はここで終わるということになる。

⑥　ステップ4―法律意思の設定

　しかし，立法者意思に則っているとはいえ，ステップ3の結論は果たして具体的妥当性があるといえるのであろうか。やはり登記をしなかったからといって，不法占拠者ともいえるＺにすら自らの権利を主張できないというのは何かおかしいのではなかろうか。

Ⓐ　そこで今度は，法律意思という基準を解釈の重要な指針として選択することにしよう。

　物権変動と登記との関係性については，ドイツ法とフランス法とで異なる主義をとっている。ドイツ法のとる主義では，登記があってはじめて物権が移転する。ここでは，登記はすべての不動産を網羅的に把握し，そしてすべての不動産に関する物権変動を記載しているものとならねばならない。これに対し，フランス法のとる主義では，物権変動それ自体は当事者の意思表示のみによって生じるとされ，登記をするかどうかと物権変動とは切り離されている。ただ，ある物について複数の者が相互に成り立たない権利を取得したと主張する場合（例えば，Ａがもつ物をＡがＢとＣの双方に売却したような場合）が現実には生じるのであって，そうした場合に登記を備えている方が優位するものとされた。このようにフランスのとる主義では，登記というものは，いわゆる対抗問題が生じたときに機能すればよいものであるといえる。

　それでは日本はどうなのであろうか。日本の民法は，物権変動・登記制度に関しては，フランスの採用する主義を採用している（この点は民法176条から明らかである）。この主義こそが民法197条の法律意思といってよい。

Ⓑ　民法177条は，対抗問題の処理という目的のために存在している。この目

的に即して民法177条を縮小解釈するするならば，ここでいう第三者とは，およそすべての第三者である必要はなく，対抗問題が生じている第三者であればよいということになる。そうすると，ここの「第三者」とは，制限説にしたがい，「登記の欠缺を主張する正当の利益をもっている第三者」と定義を変更してよいことになる。

C　「第三者」の定義を上述のように変えるならば，文字通りの適用の場合とは異なり，Zは第三者ではないということになる。そうすると，Yは登記がなくとも，Zに対抗できるという結論が導かれる。

⑦　最終判断

民法177条の第三者の意義をどうみるかは，立法者意思か，それとも法律意思か，そのいずれを優先すべきかということに帰着する。通例，法解釈というものは立法者意思に則って行うべきであり，そうではない法目的に則って行うにはそれなりの理由が必要である。

ただ，民法177条については，明治期の編纂者（特に梅謙次郎）の立法者意思が登記制度の状況とそぐわないという問題がある。我が国の登記制度は，すべての物権変動を土地と建物について網羅的に記録していくことが可能なものとしてつくられなかったし，またその後もそうしたものとして発展してこなかった。この状況を踏まえるならば，民法がとっている対抗要件主義やそれに合わせた形で発展した登記制度というものとよりよく適合する解釈は制限説であるといってよい。また，すべての取引を登記しなければならないというわけではないという登記制度の状況を踏まえると，登記をしなかったからといってYの権利主張が否認されるというのは具体的妥当性という点でも問題がある。このようにしてみてみると，制限説の方がより説得力があるといってよいだろう。

(2)　民法772条とDNA鑑定

今度は，最高裁の判例を使って法解釈の議論の世界に入ってみよう。自分が最高裁の裁判官になったつもりで議論に参加してもらいたい。

これは，最判平成26年7月17日の事件（平24（受）1402号）である。この事件の最高裁の判決文は，最高裁判所のホームページから入手可能なので，まずは判決文を入手しておいてもらいたい。

①　事　例

どういう事例であったかは，判決文の1頁から2頁にある。その内容を簡単

に要約すると次のようになる。

　A（男）とB（女）は，平成11年に婚姻届を出した。B（女）は，平成20年頃からCと交際をし，その中で性的関係をもった。そして，平成21年にDを出産した。DはAとBの子として出生届がなされ，いったんはAとBの下で養育された。その後，AとBは離婚し，BがDの親権者となった。BとDはCと共同生活を始めた。Dの父についてDNA鑑定をしたところ，CがDの父である確率は99.999998パーセントであるとの結果がでた。この事例においてCはDの法律上の父であるといえるのか。Dは現在2歳である。

②　文字通りの適用

　関連する条文は，民法772条以下である。ここでは簡単に説明するにとどめる（なお，いわゆる推定を受けない嫡出子や親子関係不存在確認の訴えについては，ここでは除いて説明している）。

　父についての判断では，まずは民法772条の適用が問題になる（上述60〜61頁参照）。民法772条が適用されれば（つまり，子の母と婚姻している男性がいた場合にあって，⑴その婚姻の成立後200日を経過した後にその子が生まれた場合，あるいは⑵その婚姻が解消している場合にあって，その婚姻の解消から300日以内にその子が生まれている場合には），母の夫がその子の父であると推定される。このときこの子は嫡出子となる。

　この時点ではまだ「推定」にすぎない。この推定を覆す仕組みが民法上用意されている。すなわち，母の夫がその子が自分の子ではないと主張する場合には，嫡出否認の訴えを起こすことができる（民法774条）。ただし，この訴えは，「夫が子の出生を知った時から1年以内に」提起しなければならない（民法777条）。

　民法772条が適用された場合にあって，夫が嫡出否認の訴えを1年以内に提起しなかった場合，夫が子の父である（その子が嫡出子である）ということが確定する。この段階に至った場合，父が誰かを争う方法は制度上存在しない。他方，民法772条が適用されない場合，条文の文言上はその子に父はいないこととなり，その子の実の父親であると主張する者がいれば，認知を行うことで，その者が子の父となることができる（民法779条）。

　以上が条文上定める制度であるが，ここに判例法理として発展したルールが入り込んでいる。すなわち，懐胎したと推定される期間中に，海外に赴任したり，収監されたり，事実上の離婚状態にあり，夫婦が同棲していない（した

がって性交渉が存在し得ない状況にあった）という事実が外部からみて明瞭に存在する場合には，民法772条の適用はないものとする（外観説）。

　以上の話をフローチャートとしてまとめると次のようになる。判例により追加されている要件は点線で示している。

図Ⅱ-9-3

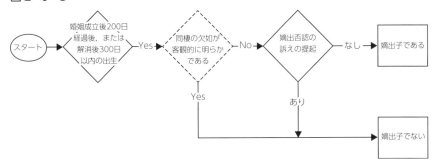

　さて，事例への当てはめを行ってみよう。この作業はさほど難しくはないだろう。DはAとBの婚姻成立後200日経過後に生まれている。これによりDの父はAであると推定される。同棲の欠如といった状況は存在しない。また，嫡出否認の訴えは起こされていない。したがって，Dの父がAであるとの推定は覆っていない。つまり，法律上，AはDの父である。これが文字通りの適用の結論である。

③　ステップ1─直観による具体的妥当性の判断

　まずは，試行的に直観的判断による具体的妥当性を基準として妥当性を考えてみよう。

　この事例では，DNA鑑定により，Dの父が間違いなくCであるという結論がでている。また，現在，Cの下でDは生活をしている。こうした状況にあって，なぜ敢えてAを父であるとしなければならないのだろうか。Dは現在2歳であるが，いまのこの状況を法的にも追認し，Cを父として成長していくことがDにとっても最もよいではないか。おそらく誰しもがこのように考えるのではなかろうか。つまり，具体的妥当性という観点からすると，文字通りの適用の結果は全くもって妥当性がない。

Ａ　具体的妥当性という点で考えれば，やはりDの父がCとなることが望まし

い。そのためには，民法772条が適用されてAがDの父となってしまわないように
すべきである。この適用がある限り，認知はできないのであるから。

B　それでは，どういう方法をとればいいのであろうか。これは結構，難問である。要件のどこかの文言をいじる（拡張解釈・縮小解釈）ことでは対応できない。どのような方法があり得るだろうか。さしあたり思いつく方法としては，民法772条の適用の例外に関し，判例のとる外観説とは別の例外をさらに設けるということしか思いつかないところである。これはつまり，条理による新たなルールを設けるということである。さしあたり，DNA鑑定結果により，確実な形で血縁上の父が決まる場合は，民法772条を適用しないという例外を新たにつくるということで対応するとしよう。そうすると，上で書いたフローチャートに，下記のような「例外2」が書き加えられることになる。

図Ⅱ-9-4

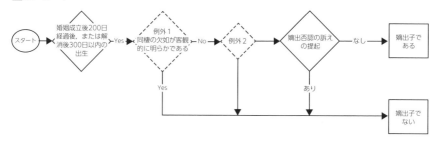

C　続いて，事例にあてはめてみよう。DNA鑑定結果により，民法772条の適用が排除されるというルールがここでは効いて，Dは嫡出子ではないという結論がでる。

D　Dが嫡出子でないという結論がでるのであれば，CはDを認知することができる。そうすると，CはDの父となる。また，この時点ではDはCの非嫡出子となるが，後でBとCが婚姻すれば，準正により嫡出子となることも可能である。このようにしてみていくと，具体的妥当性は確保されたといえよう。しかし，他の実質的基準を視野に入れると，果たしてこれでよいのかという疑問が湧く。2つめの例外を設けるというアイディアは，単に例外を一つ加えるということにとどまるものではない。法律上，嫡出推定を覆す法技術としては，極めて限定的なもの（嫡出否認の訴え）しか設けなかったところにDNA鑑定による例外を認めることは，法律上定まっていた原則に大きな抜け道を作ること

になってしまう。やはり法律の趣旨に即して，原則的な枠組みは維持しておくことが必要になるのではないか。民法772条という条文がある以上，その条文を粗略に扱ってはいけないのではなかろうか。

④　**ステップ2―情報収集**

以上のような疑問をもった上で，この事件の最高裁の判決文をざっとみてみよう。ここは，多数意見の他，桜井裁判官の補足意見，山浦裁判官の補足意見，金築裁判官の反対意見，白木裁判官の反対意見がついている。全部読むのは大変だと思うので，ここでは，多数意見と桜井裁判官の補足意見と金築裁判官の反対意見を読んでいただきたい。金築裁判官は，DNA鑑定による例外を認めて，DはAの子ではないという結論を導く。これに対し，多数意見をとる裁判官たち（桜井裁判官もその1人）は，こうした例外は認めず，DはAの子であるという結論を導く。どちらの法解釈の方が説得力があるのかこれから考えていこう。

⑤　**ステップ3―立法者意思・法律意思**

Ａ　民法772条の立法者意思は何であろうか。これに関して桜井裁判官は「旧民法制定当時は，DNA検査はもちろんのこと，血液型さえも知られておらず，科学的・客観的に生物学上の父子関係を明らかにすることが不可能であったから，これら一連の嫡出推定に関する規定は，そうした状況を前提にして，法律上の父子関係を速やかに確定し，家庭内の事情を公にしないという利益に資するものとして設けられたものと解される。」と述べている。これが桜井裁判官の理解しているところの立法者意思といってよい。

ところで，この引用にもあるように，民法制定時にはDNA鑑定は存在しなかった。DNA鑑定は20世紀末に急速に発展した技術であり，当初はその信頼性に疑問がもたれることもあったが，今日では親子の血縁関係の証明技術として確立している。元来は，父子関係の血縁の真実は神のみぞ知る話であったが，われわれは，この技術の確立により確実に真実を知る術を得るにいたったのである。しかし，桜井裁判官は，だからといって嫡出推定制度の意義は失われていないとする。桜井裁判官は「父子関係を速やかに確定することにより子の利益を図るという嫡出推定の機能は，現段階でもその重要性が失われておらず，血縁関係のない父子関係であっても，これを法律上の父子関係として覆さない一定の意義があると考える。」と述べている。この部分は，桜井裁判官が考える，民法772条の法律意思が示されているとみてよい。

B　以上のような法律意思に即して発展的な適用をすればどうなるのであろうか。この場合は，結局のところ，何もしないというのがこの法律意思に適っているということになる。

C　従来の制度に変更を加える必要がないということであれば，文字通りの適用のときに書いたフローチャートに当てはめを行う。その結果は，もちろん，文字通りの適用と同じ結果となる。

⑥　ステップ４─具体的妥当性

ここで金築裁判官の意見を改めてみてみよう。

A　金築裁判官は，「身分法においては，何よりも法的安定性を重んずるべきであり，法の規定からの乖離はできるだけ避けるべきだという意見があることは十分理解できるが，事案の解決の具体的妥当性は裁判の生命であって，本件のようなケースについて，一般的，抽象的な法的安定性の維持を優先させることがよいとは思われない。」という。つまり，彼は，具体的妥当性の実現を特に重視した形での法解釈を行っている。この方向性に従って考えてみよう。

B　この具体的妥当性に即した解決を導くことができるようにするため，金築裁判官は，⑴「科学的証拠により生物学上の父子関係が否定された場合」にあって，⑵「夫婦関係が破綻して子の出生の秘密が露わになって」おり，かつ，⑶「生物学上の父との間で法律上の親子関係を確保できる状況にあるという要件を満たす場合」には，民法772条の適用を除外することができるとする。

この見解は，外観説によるものとは別に，もう一つ例外を認めようとするものである。フローチャートの「例外２」のところにこの３要件が入ることになる。

このような形で，例外を可能とする要件を付加することがいかなる根拠に基づくかは金築裁判官の意見の中には記されていない。あえて本書があげる発展的な適用の中に位置づけを与えれば，条理によるあらたな要件の創造ということになろう。

C　このような要件を付加すれば，本件においては⑴と⑵の要件は問題なく充足しており，あとは⑶の要件さえ充足するならばDには父がいないという効果が導かれることになる。

D　確かに金築裁判官の解釈論は，具体的妥当性という基準には適っているといえる。しかし，別の基準，特に体系性という基準で考えると，いろいろ問題が多いように思える。金築裁判官は，「嫡出推定・否認制度による父子関係の

確定の機能はその分後退することにはなるが，同制度の立法趣旨に実質的に反しない場合に限って例外を認めようというものであって，これにより同制度が空洞化するわけではない。形式的には嫡出推定が及ぶ場合について，実質的な観点を導入することにより，嫡出否認制度の例外を認めるという点では，外観説と異なるものではない。」といってはいるが，果たしてこの主張は体系性という観点からみて肯定できるであろうか。

　桜井裁判官は，この点について「嫡出否認の訴え，再婚禁止期間，父を定めることを目的とする訴え等の規定が存在することとの関係をどのように調整するのかという問題に行き当たることになり，解釈論の限界を踏み越えているのではないかと思われる。」と反論している。体系性という基準への適合性からすると，やはり桜井裁判官の言っていることに軍配が上がる。

⑦　最終判断

　多数意見のように考えるのか，それとも金築裁判官のように考えるのかは，ここまでみてきた範囲では，実質的基準として具体的妥当性をより重視するのか，それとも体系性を重視するのかということにかかっている。この問題，最高裁での議論をみる限り，やはり金築裁判官の解釈論の方が説得性という点でやや弱いように思える。やはり立法者意思に反する解釈を行うのであれば，それとは異なる法律意思について提言を行い，そして体系性という基準にも耐えうる議論を展開していくことが必要であろう。

(3)　民法94条2項の類推適用

　最後に民法94条2項の類推適用を取り上げる。

　Xがある不動産上に所有権をもっている場合，Xはこの所有権を他人に譲渡することができる。例えばXとYとの間でこの物の売買契約が締結されるならば，これにより所有権はYに移転する。この移転を反映させる形の登記がなされていなくとも，この点に変わりはない。我が国では，登記は対抗要件にすぎないのであって，所有権移転のための要件となっているわけではない。

　ところで，この例にあって，仮にXが実はこの物の所有者でなかったのであればどうなるのであろうか。当たり前のことではあるが，Yは所有者とはならない。Xがもっていない権利がYに移転するわけはないのである。

　それでは，Xが所有者ではないものの，登記上は所有者という外観を備えていた場合はどうなるのであろうか。Yは登記簿を見てXが所有者なのだと思い，

Ｘと売買契約を締結したが，実は所有者ではなかったという場合である。

　我が国の登記制度は，あくまで対抗問題の処理のためのものであり，公信力はない。そうすると，大事なことは，真にＸが所有者であったかどうかである。仮に登記があったとしてもＸが所有者でなければ，ＹはＸから所有権の移転を受けることはできず所有者とはならないのである。

　このような処理は果たして妥当といえるのであろうか。

　民法典ができた頃，我が国は，まだ資本主義が未発達の状態にあった。土地・建物といった不動産の流通はさほど活発ではなかった。もちろん伝来の土地・建物を誰かに譲渡するということはあるにしても，こうした場合，もともとそれが誰のものであったかは，同じ村や町にいる人であれば３代でも４代でも遡って知っていたし，よそ者であったとしても，村や町の人達とゆっくりお酒をのみながら昔話をすれば容易にわかることであった。ところが，第二次大戦後になると状況は一変する。まず土地・建物を取引が活発化する。また，誰がその所有者なのかを近隣の人に尋ねたとしても，そもそも付き合いがほとんどなく，過去のことはおろか現在のこともわからないということが普通のこととなった。こうした環境にあって，買主が情報を得る手段は登記簿しかない。その登記簿に誤りがあるとしても，真実を知る手段は買主にはそうそう存在しない。

　以上のような変化に促され，登記簿を信頼して取引に入った者を保護しなければならないのではという考え方が支持を得ていくことになる。しかし登記には公信力がなく，民法典にはそれに直接に対応できる条文がない。そこで活用されることになったのが民法94条２項であり，これを類推適用することにより問題解決が図られることになった。

①　事　例

　事例１：Ａは，差し押さえを免れるため，自己の所有する土地の登記の名義を弟Ｂの協力を得て，Ｂ名義にしておいた。その後Ｂは，これをＣに売却し，登記の名義もＣに変更した。

　事例２：Ａは，差し押さえを免れるため，自己の所有する土地の登記の名義を，弟Ｂには無断でＢ名義にしておいた。Ｂは，あるとき，この空き地の名義が自分になっていることに気づいた。これは相続のときに自分のものになっていたことを忘れていたのだと思い込み，特段不思議に思わず，Ｃに売却し，登記の名義もＣに変更した。

　事例3：Bは，兄Aの所有する土地を兄には無断で，書類を偽造した上で自己の名義とした。Aはあるとき登記簿の名義が変わっていることに気づいたが，変更するのも面倒だと思い，放置しておいた。その後，Bは，この土地をCに売却し，登記の名義もCに変更した。

　事例4：Bは，兄Aの所有する土地を兄には無断で，書類を偽造した上で自己の名義とした。Aが気づく前に，Bは，この土地をCに売却し，登記の名義もCに変更した。

② **文字通りの適用をしてみよう**

　民法94条1項と2項を簡単にフローチャート化すると次のようになる。

図Ⅱ-9-5

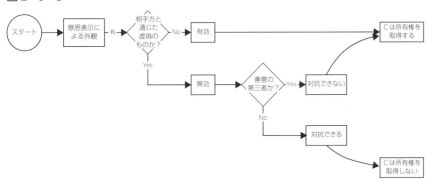

　まずは意思表示による権利外観（例えば売買や贈与による権利取得）が発生していることが出発点となる。そしてその外観が「相手方と通じた虚偽のもの」ならば，その権利取得は無効となる（1項）。ところが第三者が新たな法律関係に入ってきて，その第三者が「善意」であれば，この無効を対抗することができない（2項）。その意味は，無効であるはずの意思表示が有効であるということと同然の扱いをうけることを意味する。つまり，売買や贈与があったかのように扱われる。そうなると，その後登場した第三者がその所有権を取得することが肯定される。

　ところで上記の4事例では，厳密にいうとそもそもAとBとの間で売買や贈与の意思表示が存在しないので，民法94条の直接適用は問題にはならない。

③　94条２項の類推適用

　前述のように登記を信じた第三者を保護するための制度が我が国にない中にあって，この94条２項を類推解釈することで，第三者保護を図ることが判例の中で試みられてきた。

　登記により作出された権利外観があっても，それが実体に反するならば，それを信じて取引関係に入った第三者は権利を取得できない。しかし，こうした場合に94条２項の定める，無効ではあるものの第三者には対抗できないという仕組みを活用することで，第三者を保護する仕組みを作ることが試みられたのである。

　フローチャートで表現すると下記のようになる。

図Ⅱ-9-6

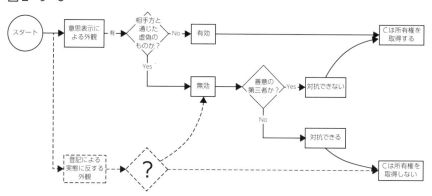

　ここでは「意思表示による外観」に代えて，登記による実体に反する外観が出発点となる。登記上の外観があるとしても，実体として権利者でない者から譲渡を受けても所有権を取得することはない。ところが，ここで94条２項を活用することで，無効ではあるが善意の第三者には対抗できないという94条２項の定める仕組みを活用することで，第三者を保護するということが目指されたのである。

　ただ，ここで94条２項を類推適用という形で用いる以上，もともとある要件，すなわち「相手方と通じた虚偽のものか」という要件について，少なくともそれと類似する要件を何らかの形で入れなければならない。つまり，図Ⅱ-9-6の「?」のところに，何かを入れなければならないのである。

　仮にここに，元と同様に，「相手方と通じた虚偽のものか」を入れたとする。その上で事例1〜4についてそれぞれ当てはめを行ってみよう。そうすると，事例1では，AとCが共同で虚偽の登記という権利外観を作出しており，Cは善意の第三者にあたるので，Cは保護される。しかし，事例2〜4では，AとBが共同で虚偽の外観を作出したわけではないので，「相手方と通じた虚偽」があるとはいえず，Cは保護されないという結論がでる。

　ところで，具体的妥当性という観点からすると，やはり広く第三者保護を図ることが求められるところである。しかし，「?」のところに元の要件を入れるだけでは，保護の範囲はほとんど拡大しない。具体的妥当性を実現するためには，「相手方と通じた虚偽」のものという要件を，それと類似する別の要件へと変えなければならない。

④　ステップ1―直観による具体的妥当性

A　改めて各事例をよく見つめよう。事例1ではAとBが共同で虚偽の外観を作出したのに対し，事例2ではAのみがこれを作出し，Bは関与していない。事例3では，逆にBがこれを作出しているが，Aも登記が違っていることを放置している。AとBの両者が一致団結しているわけではないものの，Aも虚偽の外観の作出に一定の責任があるとはいえる。ところが事例4はBのみが虚偽の外観作出に関わっており，Aには責められる点はない。

　仮にCが所有権を取得できるということになるとそれによる損失を一手に受けるのがAである。そうであれば，Aにこうした損失を負担させても致し方がないというような事情があることが必要ではなかろうか。この疑問をもちつつ，もう一度ラウンドを回ろう。

B・C　あくまでも類推解釈という方法をとるものとして考えてほしい。類推解釈は，あくまでも条文の文言との類似性がその基礎にある。したがって，「?」の中に入るものは，もともとの「相手方と通じた虚偽」というものと類似していないといけない。本書76頁で述べているように，類似性というものは三項関係で考えていかねばならない。そのためには「相手方と通じた虚偽」を抽象化する（あるいはその中のエッセンスをしぼる）ことが必要になる。

　まず一つのアイディアとして「相手方と通じた虚偽」のエッセンスは，所有者自身の積極的な偽計的行為であると捉えることができるのではないだろうか。条文上は所有者とその相手方との通謀を求めているが，もっとも大事なのは所有者本人の行為であると理解するのである。このように解するならば，「?」

のところには「所有者自身による外観の作出であるか」という文言を入れることができるであろう。そうすると，事例２のＣも保護される。しかし事例３や事例４のＡはこうしたことをしていないので，結果的にＣは保護されない。

　さらに抽象化を進めて，94条２項のエッセンスは，虚偽の外観の作出についての所有者の帰責性であるととることもできるかもしれない。自ら積極的に虚偽の外観を作出するか，それとも虚偽の外観があることを黙認するかの間には，要は事前に承認をしたのか，それとも事後に承認したかの違いがあるにすぎないという見方もできる。いずれにせよ所有者の帰責性を肯定できる。このように解するならば，「**?**」のところには「所有者に帰責性があるか」が入ることになる。このような要件を設定できるならば，事例３のＣも保護できることになる。

　もっと進んで，虚偽の外観がともかくも作出されていればよいと考えるのはどうであろうか。そうすると，「**?**」のところには何も入れなくていいということになってしまう。ここまでくると事例４のＣも保護されるが，条文上の要件を消し去っていることを意味し，これはもはや類推解釈として許される範囲を越え出ている。

Ｄ　具体的妥当性から考えているとこれより先には進めない。しかし果たしてどこまで類似性を理由とする要件の拡大は認められるのであろうか。そこに制限を加えるのは，法の目的（特に法律意思）である。

図Ⅱ-9-7

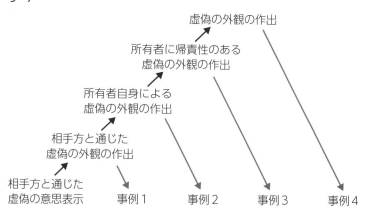

⑤　**ステップ２―情報の収集**

　ここで情報の収集をしよう。問題となっている解釈技法は類推適用であるの
だから，そもそも立法者意思を考える意味はない。ここでは民法94条２項の法
律意思をどのようなものとして理解するかが重要である。民法の教科書を読む
と[3]，判例は「通謀虚偽表示の場合に善意の第三者を保護する根拠が『真の権
利者が自ら虚偽表示により不実の外形を作出した』という点にあることに着眼
し，そうだとするならば，通謀虚偽表示の要件を完全には満たさない場合で
あっても，通謀虚偽表示の場合に準ずるような帰責事由（＝類推の基礎）が真
の権利者に認められるならば，民法94条２項を類推適用することによって第三
者を保護することができるという趣旨を明らかにしている」とある。そして
「基本的枠組みとしては，（a）虚偽の外観の作出，（b）外観作出に対する表意
者の帰責性，（c）外観に対する第三者の信頼，という三つが，民法94条２項
を類推適用するための要件となる。なお，この判例理論は，真の権利者の帰責
性と取引の相手方の外観に対する信頼を利益衡量の材料としている（権利外観
法理）。」

⑥**ステップ３―法律意思（権利外観法理）**

Ⓐ　それでは上記の判例の立場に立ちつつ，改めてラウンドを回ってみよう。

Ⓑ　94条２項の法律意思が権利外観法理の実現であるということであれば，図
Ⅱ-９-６の「**?**」のところには，「外観作出に対する表意者（もともとの所有者）
の帰責性があるか」が入ることになる。

Ⓒ　この要件を踏まえて当てはめを行うと，所有者であるA自らが虚偽の外観
の作出に関与した事例１や事例２はもちろんのこと，虚偽の登記をそうと知り
つつも放置した事例３でも，所有者の帰責性が肯定される。そうするとこの３
つの事例すべてでCは保護されることになる。しかし，事例４では話が異なる。
ここではAには帰責性がない。そうすると事例４のCは民法94条２項の類推適
用によっては保護されないことになる。

⑦　**まとめ**

　類似性はどこまでも拡がり得る。しかし条文解釈ということであれば，類推
解釈であったとしても，そこに客観的に設定される歯止めがなければならない。
その歯止めをかけるのは，その条文の目的（ここでは法律意思としての権利外

---

(3)　遠藤研一郎『基本テキスト民法総則〔第２版〕』（中央経済社・2020年）152頁。

観法理の実現）なのである。そして，この法律意思に即した解釈をする限り，事例4のCをも保護するような解釈をこの条文の類推解釈として行うことはできない。仮にそれよりも拡大させたいということであれば，民法94条2項の法律意思をこれとは異なる形に設定し直すか，あるいは，別の条文を用いることが必要になるのである。

　ここでは判例の立場に即して説明したが，もちろん民法94条2項の法律意思が権利外観法理の実現であるということが果たして妥当といえるかについても考える必要がないわけではない。しかしそれは初年次のレベルをはるかに超えるものであるのでそこに立ち入ることはやめておこう。

練習試合

　裁判所法11条は，最高裁の「裁判書には，各裁判官の意見を表示しなければ
ならない。」と定めている。複数の裁判官で裁判が行われた際に裁判官の間で
意見が分かれるならば，多数決で判決が決まる。例えば３人の裁判官によって
構成される刑事裁判の合議体にあって，２人の裁判官が有罪との結論を出し，
１人の裁判官が無罪との結論を出した場合，その合議体としての結論は多数決
により有罪ということになる。そして，通常の裁判所では，このとき，多数者
の意見のみが判決文という形で公開され，無罪の少数意見は公開されない。と
ころが，裁判所法11条により，最高裁においてだけは少数意見も公開されるこ
とになる。最高裁の判決・決定では，判決という形をとることのなかった少数
意見もまた裁判書の中に採録され，公開される。

　なぜ少数意見は公開されるのであろうか。その第一義的な答えは，最高裁判
所の裁判官は，他の裁判官とは異なり，国民審査を受けることになっているこ
とと関わっている（憲法79条２項）。この国民審査にあたり，国民は各裁判官の
裁判にあたっての行動をみて罷免すべきかどうかを判断しなければならないが，
仮に多数意見しか公開されていないとなると，各裁判官がどのように行動した
のかわからず，国民が罷免すべきか否かの判断をすることができないというこ
とになってしまう。だからこそ最高裁の裁判官の意見は，多数意見のみならず
少数意見も公開されなければならないのである。

　しかし，少数意見を公開するのは，このような裁判所への民主的コントロー
ルの実現という点に尽きるものではない。法解釈学という学問の発展にとって
も大きな意味をもっている。

　判例が今日大きな役割を果たしていることは改めて説明するまでもないだろ
う。判例を通して，我が国の法は継続的に発展し続けている。そしてその判例
形成を担う裁判官たちに，今後，どのような法解釈をするべきかを提言するこ
とが法解釈学の大きな役割であるが，そのためには裁判官たちがどのように考
えているかの情報が不可欠である。最高裁に係属した事件では，反対意見・補
足意見・意見が付され，これが開陳されることで，裁判官たちの評議の中での
議論が─少なくとも理論上の対立は─詳らかに我々は知ることができるのであ
り，その情報を基に，学界としてさらなる議論を展開することができるのであ
る。

　判例形成は長期にわたって継続的に行う営みである。同種の事件がくり返し
裁判所に持ち込まれ，議論される中で少しずつ判例法が形をなしていく。その

中で，当初は少数意見であったものが徐々に支持者を増やし，最終的に多数意見となることも珍しいことではない。したがって，われわれは，一つの事件における最高裁の評議の場の議論を引き継ぐ形で学理解釈上の議論を積み上げ，次の事件による発展へとつなげていくことができる。つまり，今後，同種の事件が起きたときに，そこにかかわる裁判官に向けてという形で提言を行っておくということが可能になるのである。そのためにこそ，最高裁で行われた議論をわれわれはしっかりと理解し，彼らの間での対立点についての考察を加えたり，あるいは彼らが見落としている点があればその点を指摘しておくことが必要となるのである。

　法解釈学を学ぶということは，法を創っていくという共同の営みに自らも加わっていくことを意味する。こうした営みに加わるということはどういうことを体験するため，Ⅲでは，最高裁の評議の場に乱入し，あたかも自分が最高裁の裁判官の一人になったような立場で議論に加わってみるということを（もちろん仮想的にではあるが）やってみることにしたい。ちなみに議論に参加するといっても，対面での喧々囂々（けんけんごうごう），侃々諤々（かんかんがくがく）なディベートをやるというわけではない。一種の見世物的なやり込め合いは法解釈学の発展にはあまり意味をもたない。必要なことは冷静に他人の言っていることを理解し，そしてその問題性を冷静に文章にして反論していくことである。ちなみに最高裁の評議もこうした形がとられている。最高裁判所首席調査官，最高裁判所判事を務めた千葉勝美氏による以下の記述が参考になる[1]。

　　　評議では，裁判長である長官が進行役を務めるが，第一回評議では，その時点での各裁判官の意見が，任命順に長官から見て右回りで（時には左回りで）順に発言され，最後に長官が意見を述べることが多い。裁判官の中には，その時点では意見を留保する人もいる。その後，全体で，自由に質問や意見交換がされるが，通常一対一での激しいやりとりはなく，第二回評議以降に続くことになる。
　　　ところで，大法廷の評議は，最高裁発足直後の黎明期は別として，評議

の場で激論が戦わされることはほとんどなく，多くは評議以外の場で（評議期日外で），裁判官が，担当調査官や同僚の裁判官と個別に非公式に議論を重ね，その結果自分の意見をまとめてそれをメモにして担当調査官に渡し，調査官がそれを次回の評議までに報告書の形に整えて全員に配布することが行われる。そこでは，他の意見に対する疑問，反論，自説の根拠となる理論展開等が綴られることが多い。そのほか，テーマ等によっては，このような文書のやりとりという形ではなく，随時の自由な意見交換もあり，また，もちろん評議において口頭での議論の積み重ねがされることもある。

　最高裁の評議の場でも議論も，基本的にはペーパーを通じて行われるのである。読者のみなさんは，以下で取り上げる最高裁の判決について，多数意見・意見・補足意見・反対意見を相互によく読み込んだ上で，裁判官たちの間にある対立を整理した上で，自分の意見を文章にして書いてみるということをやってもらいたい。また，それに際しては，いずれかの裁判官に単に同調するのではなく，積極的に自らの意見を展開し，他の裁判官を説得し，自らに賛同する者を増やすことができるようなペーパーを書くことを目指してもらいたい。こうした作業をしてみると，おそらく全員が「法の言葉」の不足を痛感させられるはずである。また，法学以外の領域の知識や思考方法が自分に不足していることも痛感するであろう。そうした痛感をバネに法学やその他の様々な勉学につなげていって欲しい。

第1章

国籍法

1. はじめに

　ここで取り上げるのは，平成20年に最高裁判所で違憲判決がでた，国籍法事件の最高裁判決である。この裁判では，国籍法3条1項の合憲性が中心的な争点となり，それが部分的に違憲無効であるとされた。この判決を受けて，国籍法第3条1項は改正されることになった。

　この事件は[(1)]，婚姻していない外国人女性を母とし，日本人男性を父として生まれてきた子が日本国籍を取得できるかが争われたものである。日本は血統主義をとっており，父か母が日本国民であれば子も日本国民となるが，その判断は出生時を基準として行われる。子が出生した時点で法的な意味での母または父が日本国民であれば子は日本国民となる。そうではない場合でも，国籍法3条1項の定めにより，両親が後から婚姻をすれば子が日本国籍を取得できるとなっていた（この点は，この事件の判決を受けて法改正され，現在は変わっている）。両親が婚姻しなければ，あとは帰化の手続による他はないが，よく知られているように，我が国は外国人の帰化はかなり限定的にしか認めない。例えば，不法滞在歴がある人は，不法滞在のときから10年間は帰化の申請が通らないといわれている。

　さて，この事件の原告は，父は日本人であり，母は外国人であったが，出生後になってはじめて父から認知をうけた。そのため出生時には父はいなかった。また，父は母以外の女性と婚姻関係にあり，その婚姻関係を解消することができない状況にあったので，母と婚姻することができない。こうなると，この原

---

(1)　第一事件と第二事件とある。ここでは第一事件のものを使う。

告は国籍法3条1項によっても日本国籍を取得できないことになってしまう。母はすでに不法滞在の状態となっており，このままでは母子もろとも国外退去となってしまいかねない状況にあった。

　こうした中，原告は，自分は日本国籍を有しているということの確認を求めて法務大臣に届出をしたが，これが認められなかったため，裁判所に訴え出たのであった。

　東京地方裁判所では，この訴えは認められた。しかし国が控訴し，東京高等裁判所では訴えは退けられた。そこで，この子（以下，上告人）は最高裁判所に上告したのである。その判決が平成20年6月4日に出された。この判決は，最高裁判所のホームページから入手できるので，まずはその判決文の全文を入手し，手元においた上で以下読み進めてもらいたい。なお，この日ほぼ同じ内容をもつ二つの判決がでているが，ここでは「平成18（行ツ）135」の方を用いる。

2．課題1：誰が，誰に，何を，求めているのか

　判決文1ページの「1　事案の概要」をまずはみてもらいたい。ここには，次のような記述がある。

> 　本件は，法律上の婚姻関係にない日本国民である父とフィリピン共和国籍を有する母との間に本邦において出生した上告人が，出生後父から認知されたことを理由として平成15年に法務大臣あてに国籍取得届を提出したところ，国籍取得の条件を備えておらず，日本国籍を取得していないものとされたことから，被上告人に対し，日本国籍を有することの確認を求めている事案である。

　まずは，どういう登場人物がいるかをあげてみよう。その上で，誰が誰に何を求めて訴えを起こしているのかを文章化してみよう。

　誰が訴えているか，またその相手方が誰かは，さしあたり，「上告人」と「被上告人」としておく。具体的にどういう者なのかは後で考える。上告人とは，控訴審の高等裁判所の判決に不服があり，その判決を覆すことを求めて最高裁判所に訴え出ている者が上告人であり，「被上告人」とはその相手方である。

　続いて，上告人が何を求めているのかを読み取る。これは，上記引用の末尾からわかる。すなわち，「日本国籍を有することの確認」である。ここで注意しなければならないのは，上告人は，自分に国籍を与えてくれと求めているのではなく，自分はすでに日本国籍をもっているということを確認してくれと求めていることである。微妙な表現の違いのように思えるが，これは大きな違いである。

　ここで事実関係を次のように箇条書きにしてみよう。

- 上告人は，「日本国民である父とフィリピン共和国籍を有する母との間に本邦において」生まれた。
- 上告人の父と母とは「法律上の婚姻関係にない」。
- 上告人は，出生後父から認知された。
- 上告人は，「出生後父から認知されたことを理由として平成15年に法務大臣宛てに国籍取得届を提出した」。
- 法務大臣は，「日本国籍を取得していないものと」した。

　ここから，ここにいう「上告人」がどういう人物かはある程度具体的にとらえることができる。つまり，婚姻関係にない日本人男性とフィリピン人女性から出生し，出生後に父により認知を受けた者である。この上告人が何歳なのか，どういう名前なのかは，この判決文を読んでいく上で必要がないため，判決文の事実の概要のところには情報は記されていない。

　続いて「被上告人」が何者であるかみていこう。これについては，少し法知識が必要である。上告人は，法務大臣に国籍取得届を提出し，法務大臣がそれを認めなかったため，訴訟を起こしているのだから，法務大臣が「被上告人」なのかと思いたくなるが，ここの「被上告人」は法務大臣ではなく，国である。法務大臣は国の機関であり，裁判上の主体となるのは国ということになる。

　以上を踏まえて，第1課題を文章でまとめてみよう。

3．課題2：条文を探そう

　課題1で立てた問いに，日本の実定法によるとどういう答えが出るのであろうか。それを考えるためには，この問題に関係する条文を探さねばならない。

　条文探しの第一歩は，いま目の前にある問いが，公法，民事法（私法），刑事法のいずれにかかわるかを特定することである。

　公法は，公権力にかかわる法，私法は私人相互間の規律にかかわる法，刑事

法は犯罪・刑罰にかかわる法である。今回の請求が刑事法にかかわるものでないことは明らかである。では，公法なの私法なのか。私法では，私人から私人への請求が問題になる。これに対し，公法は，少なくとも一方当事者が公権力を持つものである場合に問題となる。今回の事件では，国が一方の当事者であり，国はいうまでもなく公権力をもつものであるから，今回の問いを解くためには，公法という分野をみていく必要があるということになる。

　公法が問題になるのであれば，まずは，日本国憲法をみることになる。憲法の中で，誰が国民となるのかにかかわる条文を探し，前の方からみてみよう。そうすると，第10条がみつかる。

───────────────── 憲法第10条 ─────────────────

日本国民たる要件は，法律でこれを定める。

　実に短い条文である。しかし，油断せずにきちんと読まなければならない。「法律」という文言は何を意味しているのであろうか。漠然と「法律で決めるんだ」という風にとらえるのではなく，ここでいう「法律」がどこの機関が定める成文法なのかをしっかり特定しておく必要がある。

　「法律」という用語は，通例，国会が定める制定法のことをさす[(2)]。憲法第10条にいう「法律」も同じである。したがって，誰が日本国民になるのかについてのルールは，国会が決めなさいということを憲法は命じているということになる。この憲法10条に基づいて制定されたのが国籍法という法律である（どうやって国籍法にたどり着くかということが疑問に思うかもしれない。ここで役に立つのが憲法第10条のところについている注釈である。これは日本国憲法の正文ではなく，六法全書の編集者がつけてくれたものである。こういう注釈から関連の制定法がどこにあるかを辿っていくことができる）。

　それでは国籍法を開いてみよう。まずは，全体をざっと読み，全体像をつかんでもらいたい。この法律は第2条で，出生による国籍取得について定めている。続く第3条は今回取り上げている最高裁判決の後に改正されたが，もともとは，準正による国籍取得を定めているものであった。第4条以下は，帰化による国籍取得について定めている。これを簡単なフローチャートに書くと次の

───────────────────────────

(2)　この意味では適切な解釈ができない例について，第2部8章の練習問題で取り上げている。

ようになる。

図Ⅲ-1-1

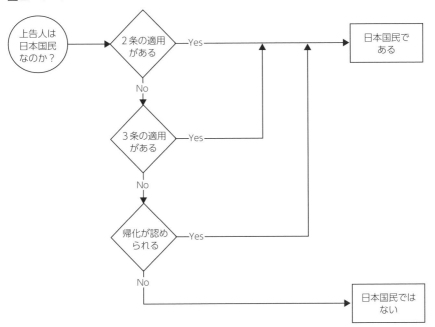

　さて，ここで今回のケースにおいて，原告が求めていることが何であったか
を思い出してもらいたい。上で強調しておいたように，日本国籍を有している
ことの「確認」を求めるというものであった。つまり，第6条以下の帰化制度
を利用し，自分に国籍を与えてほしい（あるいは与えないという処分は不当であ
るのでそれを取り消して，自分に国籍を与える法務大臣に命じてほしい）と裁判所
に求めているのではなく，既に自分は日本国籍を取得しているということを確
認してほしいことを求めているのである。そうなると，国籍法2条からあるい
は3条に基づいていることが必要となる。

4．課題3：国籍法2条1号の適用

　それでは，まずは国籍法2条を見てみよう。まずは，2条全体の構造を見て
みる。これもフローチャート化するとわかりやすい。

図Ⅲ-1-2

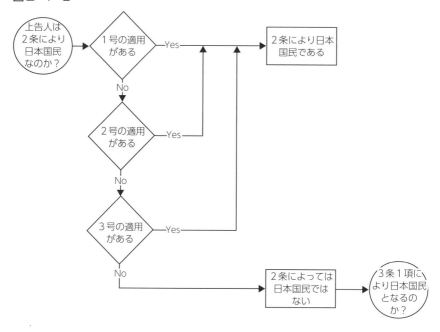

　国籍法2条1号は，国籍取得の最も基本となる原則を定めている。国籍法は，出生時を基準とする考え方をとっており，2号は，出生時に既に父が死亡している場合の規定となる。3号は，父も母も誰かわからない場合に問題となる。今回のケースでは，父は死亡していないし，父も母もわかっているので，2号，3号の適用を考える余地はない。

　まずは，国籍法2条1号をフローチャート化してみよう（Ⅱ第5章の課題）。

　この条文の全体構造については，フローチャートに書くまでもないほどシンプルと思えるかもしれない。しかし，「または」の意味をしっかり押さえる必要がある。父と母の双方が日本国民であるときに子が日本国民となるのではない。父か母のいずれか一方が日本国民であれば子は日本国民となる。この点を間違えてはならない。

　また，ここにでてくる「父」と「母」（特に前者）がくせ者である。これは，気をつけないといけないのだが，れっきとした専門用語である。この用語の定義が何かをしっかりと押さえないと，法適用はできない（Ⅱ第6章の練習問題）。

　国籍法第2条1号の規定内容が判明したことをふまえ，これから包摂をやっ

て見よう（Ⅱ第7章の練習問題）。

　文章の全体構成は，⑴問題提起，⑵法の説明，⑶あてはめ（包摂）という形をとる。⑴では，誰が，誰に，何を，何を根拠に求めているかを簡単に整理する。課題1で書いたノートをみれば，これについては簡単に書けるであろう。「何を根拠に」の部分は，今回は，「国籍法第2条1号に基づいて」ということになる。次に⑵では，国籍法2条1号の規定内容を文章化する。上で書いてきたフローチャートを文章化するというイメージになる。最後に⑶では包摂過程を書く。要件それぞれがどういう判断になるかを丁寧に辿ってもらいたい。

5．課題4：国籍法3条1項を適用してみよう

　国籍法2条1号の適用がなく日本国民にはなれなくとも，これで絶対に日本国民になれないというわけではない。この場合であっても，国籍法3条1項の適用があれば，日本国民になることができる。国籍法3条1項は，この裁判の時点では次のようなものであった。

国籍法3条1項（改正前）

父母の婚姻及びその認知により嫡出子たる身分を取得した子で二十歳未満のもの（日本国民であつた者を除く。）は，認知をした父又は母が子の出生の時に日本国民であつた場合において，その父又は母が現に日本国民であるとき，又はその死亡の時に日本国民であつたときは，法務大臣に届け出ることによつて，日本の国籍を取得することができる。

　これまで取り上げてきた条文に比べ，かなり長くなっている。こういうときは，一気に全部を理解しようとしないで，分解してみることをお勧めする。

⑴　父母の婚姻及びその認知により嫡出子たる身分を取得した子で
⑵　二十歳未満のもの（日本国民であった者を除く。）は，
⑶　認知をした父又は母が子の出生の時に日本国民であった場合において，
⑷　その父又は母が現に日本国民であるとき，又はその死亡の時に日本国民であったときは，
⑸　法務大臣に届け出ることによって，
⑹　日本の国籍を取得することができる

　ここの(1)ないし（「ないし」または「乃至」も法令用語として厳格な意味がある。「ないし」とは，(1)または(5)の意味ではなく，(1)から(5)という意味になる）(5)が要件で，(6)が効果であることはすぐわかるであろう。

　これまで通り，まずはこの条文をフローチャート化してみよう。ただ，(2)から(4)の部分は今回の議論の中ではやや重要性が低いので省略して構わない。

　改正前国籍法第3条1項の中で特に重要であるのは(1)の部分である。まず，「及び」とあることに注意してもらいたい。「又は」ではなく「及び」という用語が使われているのである。この部分を適当に理解していると，判決を理解できなくなる。また，この後に起きた国籍法第3条1項の改正の意味もわからなくなる。仮に「または」となっているならば，父母が婚姻するか，あるいは認知するかのいずれかがあればよいということになる。しかし，ここには「及び」とある。したがって，父母が婚姻をし，かつ（！），認知をしたという2つの要件を2つとも満たす必要がある。フローチャートもこの点がはっきりわかるものにしておかねばならない。

　ここで準正について少し説明しておいたほうがいいだろう。準正とは，「嫡出でない子に嫡出子の身分を取得させる制度」（有斐閣・法律用語辞典）である。「嫡出子」とは，まずは「法律上の婚姻関係にある夫婦から生まれた子」（有斐閣・法律用語辞典）であり，民法772条の適用がある子をいう。前に説明したように，婚姻中に懐胎された子がこれにあたる。ただ，嫡出子はこうした子だけをいうのではない。生まれた時点では嫡出子ではなかった（つまり民法第772条の適用はなかった）けれど，後から，ある男性によって認知され（これによりその男性が法律上の父となる），そして母とこの父とが婚姻をすれば，その子は嫡出子として扱われるようになる。こうした形で嫡出子となる子を「準正嫡出子」という。そして，こうした準正嫡出子と区別するため，婚姻中に懐胎されて嫡出子となる子を「生来嫡出子」と呼んでいる。

　上の説明では，認知がなされた後に，母と認知をした男性が婚姻した場合をあげたが，順序が逆になってもかまわない。すなわち，母と婚姻をした男性がその子を自分の子であるとして認知した場合である。この場合もその子は準正嫡出子となる。

　「準正嫡出子」という用語を使うと国籍法3条1項の規定内容は，簡単に記述できる。つまり，この条文は，日本人の父または母をもつ20歳未満の準正嫡出子については，本人の届出により日本国籍を認めることを定めているという

ことになる。

　ここまでの説明で，国籍法 3 条 1 項の適用に必要な情報を理解できたことであろう。それでは，国籍法 2 条 1 号の場合と同様にこの条文の適用をしていこう。文章化にあたっては，⑴問題提起，⑵法の説明，⑶包摂という型を守って書いてほしい。

　国籍法を単純に適用していくと，この事件の上告人の請求は認められないことになる。だからこそ，本件は裁判に持ち込まれざるをえなかったのである。

　地方裁判所では，上告人の請求が認められていた。つまり，日本国籍を取得しているということが認められたのである。これに対し，高裁ではこれは否定された。そして，最高裁では，多数意見は日本国籍取得を認めた。他方，これに反対する者もいた。どうしてこのように意見が分かれたのであろうか。その答えは，法適用というのは，ここまでみてきたように，ただ条文を文字通りそのままの形で適用することに尽きるものではなく，必要に応じて条文を読み替えるという作業，つまり「発展的な解釈」（狭い意味での「法解釈」）も行われているということにある。文字通りの適用の結果，妥当な結論を出すことができない場合，「発展的な解釈」が行われることになる。

6 ．課題 5 ：議論の整理⑴—地裁判決・高裁判決

　課題 4 までの作業の結果，国籍法 2 条 1 号と国籍法 3 条 1 項を文字通りに適用したとしても，この請求を認めることができないという結論がでることが理解できていることと思う。しかし，上告人の請求が認められないことに，「それはおかしい」と直観的に感じた人も多いのではないだろうか。この課題からは，発展的な適用へと話を進めていく。その中で，文字通りの適用により導かれた結論とは別の結論へ至る道筋についてみていくことになる。

　この事件当時の国籍法を文字通りの形で適用した場合，原告の請求を認めることはできない。ところが，東京地方裁判所は（東京地裁判決平成 17 年 4 月 13 日）は，原告の請求を認容し，原告は日本国籍を有していると判示した。なぜこういう結論に至ったのだろうか。その理由を述べる部分を引用する。

　　　以上のとおり，法 3 条 1 項は，父母が法律上の婚姻関係を成立させた子と，内縁関係にとどまる子との間に不合理な区別を生じさせている点において憲法 14 条 1 項に違反するということになると，そのことによって法 3

条1項の規定やその解釈にどのような影響が生じるかが次の問題となるが，この点については，次のように考えるべきである。

　　すなわち，法3条1項は，「父母の婚姻及びその認知により嫡出子たる身分を取得した子」について，一定の要件の下に国籍取得を認めているのであるが，このうち，「父母の婚姻」という文言については，今日においては，内縁関係も，法律上の婚姻関係と同様あるいはこれに準ずる関係として捉えられ，様々な場面において法律上の婚姻関係と同様あるいはこれに準ずる保護を与えられていることを考慮すると，合憲的解釈という観点から，法律上の婚姻関係に限定されず，内縁関係も含む趣旨であると解することは不可能ではないと解される。これに対し，「嫡出子」という文言は，あくまでも父母の間に法律上の婚姻関係が成立していることを当然の前提とした文言であると解せざるを得ないから，法3条1項は，子が「嫡出子」としての身分を取得した場合にのみ国籍取得を認める旨の定めをしている点において一部無効であると解するほかはない（別の言い方をすると，「嫡出子」という文言のうち，「嫡出」の部分は一部無効となるということである。）。

　　そうすると，一部無効とされた後の法3条1項の規定は，父母の婚姻（内縁関係を含む）及びその認知により嫡出子又は非嫡出子たる身分を取得した子について，一定の要件の下に国籍取得を認めた規定と理解すべきこととなるから，このような要件に該当する子については，国籍取得が認められるべきこととなる。

　この引用の冒頭で，国籍法3条1項は，「父母が法律上の婚姻関係を成立させた子と，内縁関係にとどまる子との間に不合理な区別を生じさせている点において憲法14条1項に違反する」とした上で，国籍法3条1項の読み替えを図っていることがわかるだろう。この以下の部分で，国籍法3条1項を地裁判決がどのように読み替えたかを理解し，実際に修正してみよう。

　まずは国籍法3条1項を改めてフローチャート化した上で，これを地裁がどのように修正したかを書き入れてみよう。

　また，地裁判決がどのような実質的根拠に基づき，こうした読み替えを正当化しているか読み取り，要約してみよう。

　地裁判決では原告の主張が認められたが，続く東京高裁では逆に原告は敗訴

することになる。

　　確かに，ある法律を本来予定されたのと類似の事項に適用したり（類推適用），条文の語句を広義に従って解釈すること（拡張解釈）が相当な場合があり得ることは否定することができない（前記最高裁判所第二小法廷判決平成 9 年10月17日，最高裁判所第一小法廷判決平成15年 6 月12日裁判所時報1341号178頁参照）。しかしながら，そのような場合においても，立法者の意思を離れてこれを行うことは許されないというべきであり，したがって，特に，本件においてその解釈が争点とされている国籍法については，規定する内容の性質上，もともと，法律上の文言を厳密に解釈することが要請されるものであり，立法者の意思に反するような拡張ないし類推解釈は許されないというべきである（最高裁判所第二小法廷判決昭和48年11月16日民集27巻10号1333頁参照）。…（略）…また，法第 3 条第 1 項は，「父母の婚姻及びその認知により嫡出子たる身分を取得した子」とその要件を明示し，「婚姻」「認知」あるいは「嫡出子」という概念によって，立法者の意思が一義的に示されているものである上，同項が，血統主義に基づく日本国籍の取得における原則を定めた法第 2 条第 1 号の適用のない者について，日本国籍取得を認める例外的，補完的な性質を有する規定であって，本来むやみに拡張を許すべきものでないことを考えれば，法第 3 条第 1 項の類推解釈ないしは拡張解釈によって，被控訴人の日本国籍取得を認めることはできないものというほかない。そして，法第 3 条第 1 項は，国籍取得の要件として，父母の「婚姻」を規定し，しかも，父母の婚姻及びその認知により「嫡出子」たる身分を取得した子と規定しているところ，被控訴人の主張するような事実上の婚姻関係（内縁関係）を同項が国籍取得の要件として規定している「婚姻」に含まれるとの拡張ないし類推解釈をすることは許されないというべきである。

　一読すれば，地裁判決による読み替えを全面的に否認していることは容易にわかる。それでは，高裁判決は，何を根拠にして，地裁判決を批判しているのだろうか。この点について読み取った上で要約してみよう。

7．課題6：議論の整理⑵—最高裁判決の多数意見・意見・反対意見

　この課題6は初学者には少々難易度が高いので，何か作業をしてもらうということは予定していない。以下の文章を読み理解していただければ十分である。

　まずは多数意見・意見・補足意見・反対意見がどういうものであるかを簡単に説明しておこう。図Ⅲ-1-3をみてもらいたい。まず上の段は理由Aでもって，結論（主張）1が導かれたことを示している。これが多数意見であるとする。そうすると，結論1とは異なる結論2が「反対意見」ということになる。当然のことだが，結論1と異なる結論が導かれるには結論1を導いた理由Aとは別の理由，つまり理由Cが存在する。

　ところで，同じ結論1を理由Bで導いているとしよう。結論自体は同じだが理由が異なるということである。このように結論は多数意見であるけれども理由付けが異なるものは「意見」と呼ばれる。最後に「補足意見」だが，これは多数意見と同じ理由付けをとった上で，さらに何らかの理由付けで補足的に付け加えたものをいう。

図Ⅲ-1-3

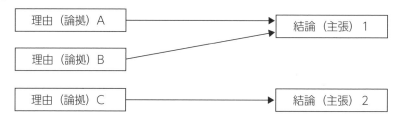

　国籍法事件に話を戻す。まずは，判決文全体をざっとめくってみてもらいたい。そして，まずは，どのような意見があるのかを確認してみよう。実は，この点については，多数意見末尾（12頁）の下記の記述から，全体像をみることもできる。

　　　よって，裁判官横尾和子，同津野修，同古田佑紀の反対意見，裁判官甲斐中辰夫，同堀籠幸男の反対意見があるほか，裁判官全員一致の意見で，主文のとおり判決する。なお，裁判官泉徳治，同今井功，同那須弘平，同

涌井紀夫，同田原睦夫，同近藤崇晴の各補足意見，裁判官藤田宙靖の意見
がある。

参照の便のため，ページ番号を付した形でまとめると，下記のようになる。

- 多数意見 1～12頁。
- 泉徳治の補足意見 12～16頁。
- 今井功の補足意見 16～21頁。
- 田原睦夫の補足意見 21～25頁。
- 近藤崇晴の補足意見 25～27頁。
- 藤田宙靖の意見 27～32頁。
- 横尾和子，同津野修，同古田佑紀の反対意見 32～38頁）（以下，これを「反対意見A」とよぶ）
- 甲斐中辰夫，同堀籠幸男の反対意見 38～42頁）（以下，これを「反対意見B」とよぶ）

最高裁の判決に反対意見などが付されることは珍しいことではないが，この判決ほど多様な意見が展開されているのは稀なことである。この多様な意見をまずはざっくりと整理することにしよう。

とはいえ，いったいどこから切り込んでいけばいいのか，正直，読者のみなさんは戸惑うだろう。まずわかりやすい切り口は，多数意見と反対意見の対立である。反対意見とは，結論が多数意見とは異なる意見である。ということは，多数意見と反対意見は，結論に関し，どこかに明確な違いがあるはずである。それは何なのか。これが一つ目の切り口である。

この判決には，二つの反対意見（上記の反対意見Aと反対意見B）がある。それぞれ，反対意見Aと多数意見が結論のどういう点で対立しているのか，また，反対意見Bと多数意見とが結論のどういう点で対立しているのを読み取ってみよう。

多数意見は原告の請求を認めるが，反対意見Aはこれを認めていない。多数意見は国籍法3条1項は憲法に違反するとするが，反対意見Aは違反しないとする。反対意見Bも原告の請求は認めていない。しかし，反対意見Aとは異なり，国籍法3条1項が憲法に違反するとは考えている。

　次に，多数意見と意見（藤田意見）の相違をみていこう。「意見」というのは，多数意見と結論は同じだが，その結論に至る理由付けが違うものをいう。したがって，多数意見と藤田意見の間に結論の相違はなく，両者とも原告の請求を認めている。しかし，それにいたる理由付けが違う。どこがどう異なっているか読み取ってみよう。そうすると，多数意見は，国籍法3条1項が過剰な要件を課しているとして，違憲審査権を行使して国籍法3条1項の過剰な部分を削除するという形で国籍法3条1項を読み替えているのに対し，藤田意見は，国籍法3条1項の「不十分な」部分を補充することによって」違憲状態の解消を目指すべきとしていることがわかるはずである。

　ところで藤田意見と反対意見Bとは，結論こそ真逆であるが，国籍法3条1項が過剰な要件を課すものではなく，不十分なものであるから違憲状態が生まれているという認識は共通している。ただ，その後が違う。藤田意見は，「拡張解釈」より原告の請求を認める道を切り開いているが，反対意見Bは，この点について賛成しないと言っている。

　以上の話をまとめると，最高裁の裁判官たちの間で，次の3点についての意見対立があったことがわかる。

　　1．国籍法3条1項は憲法14条に違反するのかどうか。
　　2．国籍法3条1項は，過剰な要件を課しているのか，それとも不足しているのか。
　　3．裁判を通じ，新たなルールを創り出すことができるのか。

　そして，この各論点についてどのように考えるかで，多数意見，藤田意見，反対意見A，反対意見Bの結論が変わってきている。これを図解すると図Ⅲ-1-4のようになる。

図Ⅲ-1-4

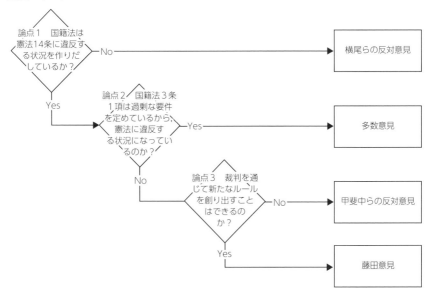

　ところで，論点1から論点3は，この裁判における法適用過程の全体の流れ
の中にどう位置づけられるのだろうか。この点も図解しておこう。
　スタートは，上告人が日本国民であるということの確認が認められるかとい
うものであった。この請求は，国籍法を文字通りに適用すると認められないと
いうことになる。ところが，その後，結論の妥当性について判断される。ここ
では，憲法14条1項に適合しているかどうかという判断がこの妥当性の判断に
あたる（論点2）。そして，これに反していないということになれば，そこで
法適用過程はおわりである。この場合は，文字通りの適用のままの結論が最終
的な結論になる。このような形をとっているのが反対意見A（それから高裁判
決）である。
　憲法14条1項に反していると判断した場合は，発展的な適用が行われること
になる。ここで多数意見は，国籍法3条1項は過剰な要件を課しているとした
上で（論点2でYesの判断をした上で），違憲審査権を行使して過剰な部分を削
除するという技法を用い，憲法14条1項に即した判断をとる道を選んだ。
　これに対し，藤田意見は，国籍法3条1項が過剰な要件を課しているのでは
なく，むしろ国籍法3条1項には不足があるとし（論点2でNoの判断をした上

で），そして不足分を補充する形の立法を行い，憲法に適合した状況を創出した。

　反対意見Ｂは，藤田意見と論点２までは同じだが，論点３で異なる。反対意見は新たなルールの創出はできないとして，結果的には文字通りの適用から何かを変更することなく，上告人の請求を認めないという結論をだした。

図Ⅲ-1-5

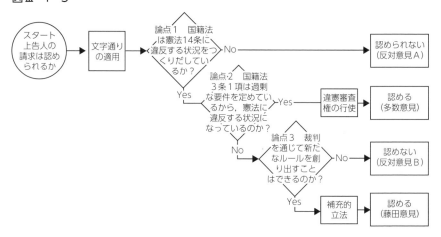

8．課題７：論点１（国籍法３条１項は憲法14条に違反するのか）について考えてみよう

　それでは，まず論点１についてみていこう。国籍法３条１項が憲法に違反するか（国籍法３条１項が憲法違反状態をつくりだしているか）という点に関しては，15人の裁判官中，12人がこれを肯定した。反対意見Ａに属する３人の裁判官以外の全員がこれを肯定したのである。ここでは，多数意見と反対意見Ａとの対立をまずは整理し，そして自分がどちらを支持するかを考えていくことにしよう。

(1)　多数意見
　多数意見は，どういうときに憲法14条に違反するかについて次のように言っている。

　憲法10条は，「日本国民たる要件は，法律でこれを定める。」と規定し，これを受けて，国籍法は，日本国籍の得喪に関する要件を規定している。憲法10条の規定は，国籍は国家の構成員としての資格であり，国籍の得喪に関する要件を定めるに当たってはそれぞれの国の歴史的事情，伝統，政治的，社会的及び経済的環境等，種々の要因を考慮する必要があることから，これをどのように定めるかについて，立法府の裁量判断にゆだねる趣旨のものであると解される。しかしながら，このようにして定められた日本国籍の取得に関する法律の要件によって生じた区別が，合理的理由のない差別的取扱いとなるときは，憲法14条1項違反の問題を生ずることはいうまでもない。すなわち，立法府に与えられた上記のような裁量権を考慮しても，なおそのような区別をすることの，(1)立法目的に合理的な根拠が認められない場合，又は(2)その具体的な区別と上記の立法目的との間に合理的関連性が認められない場合には，当該区別は，合理的な理由のない差別として，同項に違反するものと解されることになる

　ここにでてきた判断枠組みをフローチャート化してみよう。これを簡単に書いてみると次のようになる。

図Ⅲ-1-6

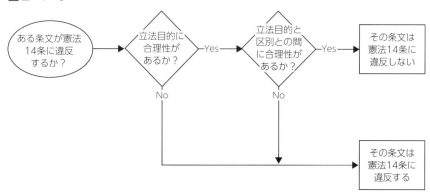

　多数意見はこの枠組みに従って判断をした上で，国籍法3条1項は憲法に違反するという結論に至っている。以下に引用する箇所は，その理由について述べた部分である。少々長くなるが，まずは，それを読んでもらいたい。これを

読むにあたっては，漫然と読むのではなく，上記の判断枠組みを意識しながら読む必要がある。その上で，その内容を600字程度で要約してみよう（課題7－1）。

　⑵ア（…）そして，国籍法3条1項は，日本国民である父が日本国民でない母との間の子を出生後に認知しただけでは日本国籍の取得を認めず，準正のあった場合に限り日本国籍を取得させることとしており，これによって本件区別が生じている。このような規定が設けられた主な理由は，日本国民である父が出生後に認知した子については，父母の婚姻により嫡出子たる身分を取得することによって，日本国民である父との生活の一体化が生じ，家族生活を通じた我が国社会との密接な結び付きが生ずることから，日本国籍の取得を認めることが相当であるという点にあるものと解される。また，上記国籍法改正の当時には，父母両系血統主義を採用する国には，自国民である父の子について認知だけでなく準正のあった場合に限り自国籍の取得を認める国が多かったことも，本件区別が合理的なものとして設けられた理由であると解される。
　イ　日本国民を血統上の親として出生した子であっても，日本国籍を生来的に取得しなかった場合には，その後の生活を通じて国籍国である外国との密接な結び付きを生じさせている可能性があるから，国籍法3条1項は，同法の基本的な原則である血統主義を基調としつつ，日本国民との法律上の親子関係の存在に加え我が国との密接な結び付きの指標となる一定の要件を設けて，これらを満たす場合に限り出生後における日本国籍の取得を認めることとしたものと解される。このような目的を達成するため準正その他の要件が設けられ，これにより本件区別が生じたのであるが，本件区別を生じさせた上記の立法目的自体には，合理的な根拠があるというべきである。
　また，国籍法3条1項の規定が設けられた当時の社会通念や社会的状況の下においては，日本国民である父と日本国民でない母との間の子について，父母が法律上の婚姻をしたことをもって日本国民である父との家族生活を通じた我が国との密接な結び付きの存在を示すものとみることには相応の理由があったものとみられ，当時の諸外国における前記のような国籍法制の傾向にかんがみても，同項の規定が認知に加えて準正を日本国籍取

得の要件としたことには，上記の立法目的との間に一定の合理的関連性が
あったものということができる。

　ウ　しかしながら，その後，我が国における社会的，経済的環境等の変
化に伴って，夫婦共同生活の在り方を含む家族生活や親子関係に関する意
識も一様ではなくなってきており，今日では，出生数に占める非嫡出子の
割合が増加するなど，家族生活や親子関係の実態も変化し多様化してきて
いる。このような社会通念及び社会的状況の変化に加えて，近年，我が国
の国際化の進展に伴い国際的交流が増大することにより，日本国民である
父と日本国民でない母との間に出生する子が増加しているところ，両親の
一方のみが日本国民である場合には，同居の有無など家族生活の実態にお
いても，法律上の婚姻やそれを背景とした親子関係の在り方についての認
識においても，両親が日本国民である場合と比べてより複雑多様な面があ
り，その子と我が国との結び付きの強弱を両親が法律上の婚姻をしている
か否かをもって直ちに測ることはできない。これらのことを考慮すれば，
日本国民である父が日本国民でない母と法律上の婚姻をしたことをもって，
初めて子に日本国籍を与えるに足りるだけの我が国との密接な結び付きが
認められるものとすることは，今日では必ずしも家族生活等の実態に適合
するものということはできない。

　また，諸外国においては，非嫡出子に対する法的な差別的取扱いを解消
する方向にあることがうかがわれ，我が国が批准した市民的及び政治的権
利に関する国際規約及び児童の権利に関する条約にも，児童が出生によっ
ていかなる差別も受けないとする趣旨の規定が存する。さらに，国籍法3
条1項の規定が設けられた後，自国民である父の非嫡出子について準正を
国籍取得の要件としていた多くの国において，今日までに，認知等により
自国民との父子関係の成立が認められた場合にはそれだけで自国籍の取得
を認める旨の法改正が行われている。

　以上のような我が国を取り巻く国内的，国際的な社会的環境等の変化に
照らしてみると，準正を出生後における届出による日本国籍取得の要件と
しておくことについて，前記の立法目的との間に合理的関連性を見いだす
ことがもはや難しくなっているというべきである。

　エ　一方，国籍法は，前記のとおり，父母両系血統主義を採用し，日本
国民である父又は母との法律上の親子関係があることをもって我が国との

密接な結び付きがあるものとして日本国籍を付与するという立場に立って，出生の時に父又は母のいずれかが日本国民であるときには子が日本国籍を取得するものとしている（2条1号）。その結果，日本国民である父又は母の嫡出子として出生した子はもとより，日本国民である父から胎児認知された非嫡出子及び日本国民である母の非嫡出子も，生来的に日本国籍を取得することとなるところ，同じく日本国民を血統上の親として出生し，法律上の親子関係を生じた子であるにもかかわらず，日本国民である父から出生後に認知された子のうち準正により嫡出子たる身分を取得しないものに限っては，生来的に日本国籍を取得しないのみならず，同法3条1項所定の届出により日本国籍を取得することもできないことになる。このような区別の結果，日本国民である父から出生後に認知されたにとどまる非嫡出子のみが，日本国籍の取得について著しい差別的取扱いを受けているものといわざるを得ない。

　日本国籍の取得が，前記のとおり，我が国において基本的人権の保障等を受ける上で重大な意味を持つものであることにかんがみれば，以上のような差別的取扱いによって子の被る不利益は看過し難いものというべきであり，このような差別的取扱いについては，前記の立法目的との間に合理的関連性を見いだし難いといわざるを得ない。とりわけ，日本国民である父から胎児認知された子と出生後に認知された子との間においては，日本国民である父との家族生活を通じた我が国社会との結び付きの程度に一般的な差異が存するとは考え難く，日本国籍の取得に関して上記の区別を設けることの合理性を我が国社会との結び付きの程度という観点から説明することは困難である。また，父母両系血統主義を採用する国籍法の下で，日本国民である母の非嫡出子が出生により日本国籍を取得するにもかかわらず，日本国民である父から出生後に認知されたにとどまる非嫡出子が届出による日本国籍の取得すら認められないことには，両性の平等という観点からみてその基本的立場に沿わないところがあるというべきである。

　　オ　上記ウ，エで説示した事情を併せ考慮するならば，国籍法が，同じく日本国民との間に法律上の親子関係を生じた子であるにもかかわらず，上記のような非嫡出子についてのみ，父母の婚姻という，子にはどうすることもできない父母の身分行為が行われない限り，生来的にも届出によっても日本国籍の取得を認めないとしている点は，今日においては，立法府

に与えられた裁量権を考慮しても，我が国との密接な結び付きを有する者に限り日本国籍を付与するという立法目的との合理的関連性の認められる範囲を著しく超える手段を採用しているものというほかなく，その結果，不合理な差別を生じさせているものといわざるを得ない。

　カ　確かに，日本国民である父と日本国民でない母との間に出生し，父から出生後に認知された子についても，国籍法8条1号所定の簡易帰化により日本国籍を取得するみちが開かれている。しかしながら，帰化は法務大臣の裁量行為であり，同号所定の条件を満たす者であっても当然に日本国籍を取得するわけではないから，これを届出による日本国籍の取得に代わるものとみることにより，本件区別が前記立法目的との間の合理的関連性を欠くものでないということはできない。(…)

　読解のポイントを解説しておいた方がよい。読解にあたっては，まずは，憲法違反の判断枠組みのフローチャートのどこをどう辿って，どの結論になったのかを確認する必要がある。この点を読み取ることはさほど難しくない。多数意見は，「立法目的に合理性があるのか」という点については，「ある」と判断したが，その次の「区別と立法目的との間に合理的関連性があるか」については「ない」と判断し，結論1にいたっているのである。

　次に，この2つのポイントのそれぞれについて，なぜこういう判断をしたのか，その理由を読みとってみよう。まずは，立法目的に合理性がなぜあると考えているのかについてである。これを考えるにあたっては，多数意見がいうところの立法目的は何であるかについての情報をとりだし，その次に，なぜこれに合理性があると考えたのかを読み取るという順序で進める必要がある。

　次に，なぜ多数意見が，区別と立法目的との間に合理的関連性がないと判断したのかを読み取ってみよう。「イ」の部分の末尾をみてほしい。ここで，「国籍法3条1項の規定が設けられた当時の社会通念や社会的状況の下」にあっては，「上記の立法目的との間に一定の合理的関連性があった」といっている。そして，「ウ」の冒頭で「しかしながら」とつなげている。ここから，多数意見は，もともとは，区別と立法目的との間に合理的関連性はあったが，いまはなくなっていると考えていることが読み取れるはずである。それでは，なぜなくなってしまったのであろうか。その理由が「ウ」の部分と「エ」の部分に書かれている。その理由をそれぞれ読み取った上で，まとめてみよう。

「エ」の部分の読解を補助するため，下記の図を書いてみた。下記にあげる子のうちの，だれとだれとを違う扱いにすることが不合理である旨が示されているが，それがだれとだれなのか特定してもらいたい。2パターンででてくるはずである。

図Ⅲ-1-7

　　A　　　　　B　　　　　C　　　　　D　　　　　E　　　　F

生来摘出子　　非嫡出子　　　非嫡出子　　　準正子　　　非嫡出子　　　　非嫡出子
父または母が日本人　母のみが日本人　母は外国人。出生時ま　父または母が　母が外国人，出生後　母が外国人，事実
　　　　　　　　　　　　　でに日本人の父が認知　日本人　　　に日本人の父が認知　上の父が日本人

(2)　反対意見Ａ

続いて，反対意見Ａをみていこう。

　　多数意見は，出生後の国籍取得を我が国との具体的な結び付きを考慮して認めることには合理性があり，かつ，国籍法3条1項の立法当時は，準正子となることをもって密接な結び付きを認める指標とすることに合理性があったとしながらも，その後における家族生活や親子関係に関する意識の変化，非嫡出子の増加などの実態の変化，日本国民と外国人との間に生まれる子の増加，諸外国における法制の変化等の国際的動向などを理由として，立法目的との関連において準正子となったことを結び付きを認める指標とする合理性が失われたとする。
　　しかしながら，家族生活や親子関係に関するある程度の意識の変化があることは事実としても，それがどのような内容，程度のものか，国民一般の意識として大きな変化があったかは，具体的に明らかとはいえない。
　　実態の変化についても，家族の生活状況に顕著な変化があるとは思われないし，また，統計によれば，非嫡出子の出生数は，国籍法3条1項立法

の翌年である昭和60年において1万4168人（1.0%），平成15年において
2万1634人（1.9%）であり，日本国民を父とし，外国人を母とする子の出
生数は，統計の得られる昭和62年において5538人，平成15年において1万
2690人であり，増加はしているものの，その程度はわずかである。

　このように，約20年の間における非嫡出子の増加が上記の程度であるこ
とは，多数意見の指摘と異なり，少なくとも，子を含む場合の家族関係の
在り方については，国民一般の意識に大きな変化がないことの証左と見る
ことも十分可能である。確かに，諸外国においては，西欧諸国を中心とし
て，非準正子についても国籍取得を認める立法例が多くなったことは事実
である。しかし，これらの諸国においては，その歴史的，地理的状況から
国際結婚が多いようにうかがえ，かつ，欧州連合（EU）などの地域的な
統合が推進，拡大されているなどの事情がある。また，非嫡出子の数も，
30%を超える国が多数に上り，少ない国でも10%を超えているようにうか
がわれるなど，我が国とは様々な面で社会の状況に大きな違いがある。な
お，国籍法3条1項立法当時，これらの国の法制が立法政策としての相当
性については参考とされたものの，憲法適合性を考える上で参考とされた
ようにはうかがえない。このようなことからすれば，これらの諸国の動向
を直ちに我が国における憲法適合性の判断の考慮事情とすることは相当で
ないと考える。

　また，多数意見は，日本国民が母である非嫡出子の場合，あるいは胎児
認知を受けた場合との差も指摘する。

　しかし，これらの場合は，出生時において法的に日本国民の子であるこ
とが確定しているのであって，その後の生活状況の相違が影響する余地が
ない一方，国籍は，出生時において，一律に付与される必要があることか
らすれば，これらの子にも国籍を付与することに合理性がある。実質的に
見ても，非嫡出子は出生時において母の親権に服すること，胎児認知は任
意認知に限られることなど，これらの場合は，強弱の違いはあっても，親
と子の関係に関し，既に出生の時点で血統を超えた我が国社会との結び付
きを認めることができる要素があるといえる。また，母が日本国民である
場合との差は，出生時における子との種々のかかわり合いに関する父と母
の違いから生じるもので，これを男女間における差別ととらえることは相
当とは思われない。

この意見についても，多数意見と同じように600字くらいで要約してみよう。

反対意見についての要約ができたら，続いて，反対意見と多数意見のどこが対立しているか整理してみよう。

(3)　自分で考えてみよう

多数意見の要約，反対意見の要約，両者の相違のまとめと３つの文章を書くことで，両者の意見がよくわかったことであろう。最後に論点１についてみなさん自身の意見を書いてみよう。

上の要約例の中に整理してあるように，対立点は３つある。そのうち，特に次の２に注目して考えてみてもらいたい。すなわち，ここで注目すべきことは，⑴出生前に認知された子と，出生後に認知された子で違う扱いをすることが許されるか，⑵日本国民である母の非嫡出子と日本国民である父の非嫡出子で違う扱いをすることが許されるかである。こうした違いを生むことに合理的理由があるかどうかということが判断のポイントとなる。

この意見を書くにあたっては，多数意見と反対意見Aのいずれに賛同するかという形で考えてみてもらいたい。どちらか一方の立場に立ち，反対の見解にさらなる反論を加えてみて欲しい。

自分の意見をつくるにあたって，適宜，以下の情報を参考にしてもらいたい。

①　血統主義と生地主義

「生地主義」とは「子どもが生まれた場所によって，国籍を決定する主義であり，自国の領土内で生まれた子どもに国籍を与える」というもの。「血統主義」とは「親子関係によって国籍を決定する主義であり，親が自国民である場合に，子どもに国籍を与える」というもの。とはいえ，血統主義では，血のつながりがあれば当然に国籍を認めるという考え方をとっているわけではない。血のつながりがあることを前提としつつ，その国の社会とのつながりという中で，一定の制限を加えるのを常とする。

②　日本の国籍法の変遷

戦前は，父系血統主義をとり，日本人父と親子関係がある者（これは婚姻または認知を通じて確定される）に日本国籍を与えることを基本原則とした（１条）。その上で，父がいない場合にあって母が日本人である場合には子は日本人になると定めた（３条）。

第一條　子ハ出生ノ時其父カ日本人ナルトキハ之ヲ日本人トス其出生前ニ
死亡シタル父カ死亡ノ時日本人ナリシトキ亦同シ
第三條　父カ知レサル場合又ハ國籍ヲ有セサル場合ニ於テ母カ日本人ナル
トキハ其子ハ之ヲ日本人トス
第五條　外國人ハ左ノ場合ニ於テ日本ノ國籍ヲ取得ス
三　日本人タル父又ハ母ニ依リテ認知セラレタルトキ

戦後は，認知を通じた国籍法取得（旧国籍法5条）は廃止された。

第2条　子は左の場合には，日本国民とする。
一　出生の時父が日本国民であるとき。
三　父が知れない場合又は国籍を有しない場合において，母が日本国民
であるとき。

認知による国籍取得を廃止した理由については，身分行為（認知もこれにあ
たる）による国籍変動を認めることは憲法24条の精神に反するということで
あった。戦前の家制度の下では，家に属することにより，戸籍に登載され，国
民として扱われるという考え方があった。どこかの家に属することになるとい
うことと国籍の取得が連動するというのは家制度的な弊習であると捉えられ，
家制度を廃止する以上，認知という身分行為と国籍取得とが連動することは望
ましくないと考えられたというわけである。
昭和59年の改正において，父母両系主義に改められた。また，出生時を基準
とする血統主義を補完するものとして，準正による国籍取得を認める第3条が
追加された。

第2条　子は，次の場合には，日本国民とする。
一　出生の時に父又は母が日本国民であるとき。

③　婚姻を通じたつながり

なぜ嫡出子が優遇されるのか。そのルーツはローマの婚姻制度にまで遡る。
婚姻を通じて生まれてきた子供にのみ，その市民社会の継承者たる地位を認め
るというもの。この発想が嫡出子と非嫡出子の区別につながる。

　最高裁は，2013年，嫡出子と非嫡出子の差別的扱いが平等原則に反するとした（最高裁大法廷平成25年９月４日決定）。このような価値観の変化が生じている今日において，準正子だけをなぜ優遇しないといけないのだろうか。

④　国籍法３条１項についての立法者意思

　母が日本人の非嫡出子は国籍法２条１号に基づき日本国籍を取得できるが，父が日本人の非嫡出子の場合，胎児認知を受けていない限り日本国籍を取得できない。この相違について昭和59年の改正に向けた国会の審議の中で，次のような説明がなされている。

　　　小澤（克）委員（小澤克介）　第二条につきましては，いわゆる日本人の未婚の母が子どもを産んだ場合には，これは母親による認知ということはほとんど実際にはありませんので，当然に母子関係が認められてその子は日本の国籍を取得するわけです。そうしますと，二条と三条との間でいかにも権衡を失する感じがするわけでございますが，その点いかがでしょうか。

　　　枇杷田政府委員（枇杷田泰助・法務省民事局長）　２条の方は，先ほど申し上げましたように，出生のときに父または母が法律上の父または母であるということを一つの基準にして国籍を付与するという原則でございます。３条の方は，そういう二条の原則を立てた場合に，父子関係につきましては，今も御指摘ございましたように，母親との関係について若干差異が出てくるような面にも着目をいたしまして，したがいまして，出生のときに法律上の父子関係でなくても，それは父の方からの国籍取得といいますか，そういう関係で日本国籍を与える道をつけてもいいだろうという，法律上の親子関係を基礎とする血統主義の補完として３条の規定が設けられたわけでございます。

　　　その場合に，単に後になっても出生後に認知をしただけでいいかといいますと，それは母子関係とは違いまして，生活実態としてはその父親との関係では当然に結びつく，そういうことが言えないのではないか。したがって，そこで正規の準正ということになっていますと，いわばそれは出生のときから法律上の父というふうな関係に近い状態が生まれるはずでありますから，したがって，準正ということによって出生のときに父との間で法律上の親子関係があったということと同評価し得べき関係に立つとい

うことが初めて言えるであろうということで，３条の場合には父の方に着
目をして嫡出性を必要としておるということでございます。

　つづいて，胎児認知がなされた場合と，出生後に認知がなされた場合の差に
ついて質疑がなされている。

　　小澤（克）委員　そうすると，胎児認知と出生後の認知とで変わってく
　る。これは父親による認知の場合ですけれども，これも権衡を失すると思
　われるわけです。生活実態というお話がありましたが，例えば胎児認知の
　場合に，必ずしも実質的父子関係の生活実態が生ずるという必然性もない
　わけでございます。どうしてこういう差がつくのか，どうしてもわからな
　いのです。
　　枇杷田政府委員　胎児認知というのは例も少なくて，また胎児認知を認
　めている国は少ないのでありますけれども，それはともかくといたしまし
　て，二条は，先ほど来繰り返して申し上げておりますように，出生による
　国籍の取得関係は，その子供が出生をした時点で法律上の親子関係がある
　というものを基準にして置いたわけでございます。その結果，胎児認知も
　二条に該当して，出生と同時に日本国籍を取得するという関係に立つわけ
　でございます。
　　３条はそういう場合ではないのだけれども，後になって，出生のときに
　いわば法律上の父子関係があったと同視できるような，そういう法律関係
　の場合には２条に準じてもいい関係に立つだろう，それは準正であるとい
　う発想に立つわけです。後になって認知しただけということではなくて，
　準正ということになりますと，これは生まれたときから嫡出子という扱い
　にもいろいろな面でされるわけでございますので，したがって，それは法
　律的には評価をしてもいいだろうということになる。ただ認知だけではい
　けないだろう。言いかえますと，２条の方は，そういう三条との関係を先
　に考えるのではなくて，出生時に法律的に父子関係があるという点に着目
　した結果のことでございます。
　　小澤（克）委員　どうも嫡出子と非嫡出子との間に新たな差別が生ずる
　という感じが免れないわけであります。また，同じ非嫡出子の間でも母親
　が日本人であった場合と父親が日本人であった場合とでも明らかな差別が

生じますし，またさらに父親が日本人の非嫡出子の場合にも，胎児認知とそうでないものの間にまた差がつく。どうも合理的な差別とは考えられないわけです。

ついでに伺いますが，認知のみによって国籍の取得を認める国，これは資料によりますと，インドネシア，ギリシャ，韓国，さらにフランス，こういった国がある。しかも，フランスにおいては未成年の間の認知に限定しない，全く限定なし，こういうことになっているようですが，こういう立法例からしても，認知で十分なんじゃないかという感じがいたしますが，いかがでしょう。

枇杷田政府委員　そのような立法例もございますが，また他方では準正に限るという立法例もかなりあるわけでございます。

⑤　平等原則と国籍の付与

憲法10条は，誰に国籍を与えるかということは，「法律」でこれを定めると規定する。ここでいう「法律」とは国会の制定法のことをさす。つまり，国会は，誰に国籍を与えるかについてのルールを自由に決めることができる。ただし，憲法の人権規定，とりわけ憲法14条に反するルールであってはならない。憲法14条は，平等原則を定めている。国籍を誰に与えるかにあたっても，この平等原則に則ったルールを定めねばならない。

国籍法で血統主義をとる場合，血のつながりだけで決めるのではなく，日本社会とのつながりをみていくということは可能であり，この裁判に関係している裁判官たちの間で，この点についての意見の相違はない。つまり血のつながりがあるかで一律に決めるのではなく，日本社会とのつながりが一定程度濃い人に国籍を与え，一定程度薄い人には国籍を与えないという制度をとること自体が憲法違反ということになるわけではない。

しかし，平等原則の存在を前提として考えるならば，同じ濃さの人には同じように処遇しなければならない。下の図で説明するならば，同じ濃さにある「あ」と「い」は同じ扱いをしなければならない。「う」と「え」も同様である。「う」に国籍を与えるが「え」には与えないというのは平等原則に反することになる。

図Ⅲ-1-8

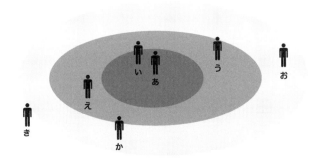

　さて，次に示す図をみてもらいたい。これは，上にあげた子たちと社会との
つながりを図式化したものである。実線でつながっている子は，日本国民であ
る法律上の父または法律上の母を通じて日本社会とのつながりをもつ。点線は，
法律上の父ではない父を通じて日本社会とつながっている。

図Ⅲ-1-9

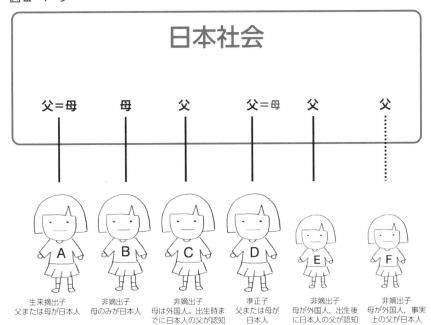

　このように図式化した上で，ここにあがるそれぞれの日本社会とのつながり
の濃さの程度はどうなるであろうか。とりわけ問題になるのは，Eである。E
はB・C・Dと同じ濃さの中にあるといえるであろうか，それともFと同じ濃
さの中にあるといえるだろうか。

図Ⅲ-1-10

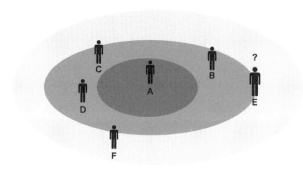

9．課題8：自分が最高裁の裁判官の一員となったつもりで意見を書いてみよう

　課題7では，論点1（国籍法3条1項は憲法14条に違反するのか）について取
り上げた。この事件の解決のためには，これに続けて論点2と論点3について
も判断をしなければならない。課題8では，この2つの論点についてそれぞれ
自分の判断を行い，最終的に上告人の請求を棄却すべきなのか，それとも認容
すべきなのかの結論を出してみよう。

　上記の課題6の最後のところに示した図Ⅲ-1-5を見返してほしい。この事
件は，論点1・論点2・論点3でどういう判断をとるかでどの結論にいたるか
が決まる。もちろんこれ以外の道筋で考える余地もないではない（例えば，国
籍法の解釈にあたっても認知の遡及効を認めるなど）。しかし，今回は，あくま
でも最高裁判所の意見の枠内で考察してみてほしい。つまり，すでにだされてい
る4つの意見のうちのどれかを支持するという立場をとった上で，他の3つの
意見をとる裁判官たちに，理詰めで自分の立場の方がより説得力があるのだと
いうことを示すつもりで書いて欲しい。論点1については課題7で詳述したの
でここではさらなる説明は不要であろう。論点2と論点3について簡単に解説

をしておこう。

　論点2は，国籍法3条1項は過剰な要件を課しているのか，それとも要件として不足しているのかというものである。多数意見の解釈に従ってフローチャートに修正を加えると，次の図Ⅲ-1-11のようになる。他方，藤田意見の解釈に従ってフローチャートを修正すると，図Ⅲ-1-12のようになる。この図を比較すると，多数意見と藤田意見の相違が明確になるだろう。

図Ⅲ-1-11

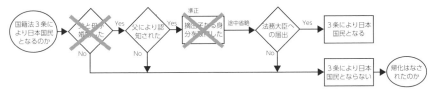

図Ⅲ-1-12

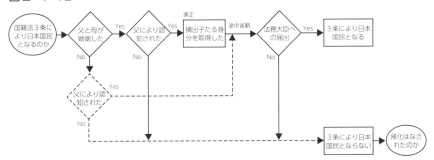

　それでは，多数意見はなぜこのように解釈するのだろうか。この点にはついては多数意見に賛同している今井裁判官の補足意見（18-19頁）が参考になる。他方，藤田意見については（28頁）が参考になるので自分で読んでみよう。

　その上で，いずれの解釈の方が説得的か考えてみよう。まず，立法者意思という基準から考えてみよう。立法過程で起草にかかわった委員は，第3条を設けた理由について「要するに血統主義の補完措置と申しますか，そういうふうなことがしかるべきだろうということで，準正による場合に，本人の日本国籍を取得するという意思表示があればそれで日本国籍を与えるという制度を設けた次第でございます」と述べている。ここからすると藤田意見の方が立法者意

思に適っているといえる。もちろん立法者意思に反していればそれで終わりというわけではない。立法者意思とは異なる形で法律意思を設定することは可能である。ただ，この論点に関し多数意見は法律意思に相当する論述を展開してはいない。多数意見に与する立場に立つならば，多数意見を補強するため，法律意思に関して自説を展開しなければならないだろう。

　続いて論点3である。論点3は裁判を通じた法創造は可能かというものである。藤田裁判官と反対意見Bとが対立している。

　藤田意見は，「現に生じている違憲状態を解消するために，同項の対象には日本国民である父親による生後認知を受けた非嫡出子も含まれるという拡張解釈をすることが，立法者の合理的意思に抵触することになるとは，到底考えられない」と述べる。そして，「立法府の合理的意思をも忖度しつつ，法解釈の方法として一般的にはその可能性を否定されていない現行法規の拡張解釈という手法によってこれに応えることは，むしろ司法の責務というべきであって，立法権を簒奪する越権行為であるというには当たらないものと考える」と述べている。なおここでいう「拡張解釈」は，本書Ⅱの第8章で説明している「拡張解釈」ではない。これは，ここで藤田裁判官が行っていることは実質的には補充的な法創造である。

　これに対し，反対意見Bは「藤田裁判官は，非準正子に対し届出による国籍付与をしないという立法不作為が違憲であるとしており，この点で私たちと同一の立場に立つものである。しかし，さらに国籍法3条1項の拡張解釈により権利付与を認めるべきであるとして，上告人の請求を認容すべきものとしており，この見解は傾聴に値すると考えるが，同項についてそのような解釈を採ることには直ちに賛成することはできない。」つまり，補充的法創造をここで裁判所がすることに抵抗を感じているといえよう。

　実は，この事件に関しては，多数意見であれ，藤田意見であれ，反対意見A・Bのどちらも何かしらの難点を抱えている。多数意見を採用した場合，論点2についての補強的主張が必要である。反対意見Aをとった場合，認知が出生の前であったか後であったかで結論が異なること，日本人の母の非嫡出子と日本人の父の非嫡出子で結論が異なることの合理的理由をあげなければならない。反対意見Bをとるならば，憲法違反と知りつつも，憲法に違反する内容を含む結論をだすことの理由を説明しなければならない。藤田意見をとるならば，新たな要件を追加するという補充的立法を行ってよいということを論証しない

といけない。どちらかの意見を軸におきつつ，自らの意見を展開してみよう。

第2章

夫婦別氏

1．はじめに

　婚姻したカップルは一つの同じ氏（姓）を名乗る。そしてこのカップルから生まれた子は両親と同じ氏を名乗る。このことは今日広く受け入れられていることであろう。このように家族が一つの共通の氏を名乗ることそれ自体に問題があるわけではない。問題なのは，こうしたことを世の全ての者が一律に受け入れねばならないのかという点である。ある一組の男女がおり，その男女は婚姻をしたいと望んでいる。しかし，その男女は氏を同一にすることを望んでいない。こういう時，この男女は婚姻を断念しなければならないのだろうか。本章で考えたいのはこの問いである。

図Ⅲ-2-1

　我が国の民法では，婚姻届を出さないと婚姻は成立しないものとなっている。

そして，この届出をするためには，夫婦が共通して用いる一つの氏をどうするかについて婚姻届の中に記載して届出をしないといけない（戸籍法74条1号）。実際，婚姻届のフォーマットには下記のような記載欄があり，夫となる者がもともと使っていた氏か，あるいは妻となる者がもともと使っていた氏のいずれかにチェックを入れなければならない。

図Ⅲ-2-2

(4)	婚姻後の夫婦の氏・新しい本籍	□夫の氏 □妻の氏	新本籍（左の☑の氏の人がすでに戸籍の筆頭者となっているときは書かないでください） 都道府県　　　　　　　　　　　　　　　　　番地番

　仮にこのいずれもチェックを入れた場合，あるいは両方にチェックを入れない場合はどうなるのだろうか。このときは，婚姻届が受理されず，婚姻そのものが成立しない。

　直観的にこれはおかしいと感じる人は多いだろう。夫婦の氏についていろいろ議論はあるものの，夫婦別氏を望む限り，婚姻自体をすることができないということになっているのである。そこで，近年，数多くの裁判が提起され，そのいくつかは最高裁までたどり着いている。平成27年12月16日，最高裁大法廷は，夫婦別氏を認めない現行制度であっても憲法には違反しないとの判決を下した。ところが，15人の裁判官のうち5人は，現行制度は違憲であるとの意見を述べた。その6年後，令和3年6月23日最高裁大法廷は，再びこの問題を取り上げた。今度も多数意見は現行制度を合憲としたが，4名の裁判官はこれに反対した。さらに令和4年3月22日には最高裁第三小法廷が改めてこの問題を取り上げ，3人の裁判官が合憲とする中，2人の裁判官が違憲と判断した。裁判の結論だけをみると，一律に全員に夫婦同氏を押しつける現行制度は憲法違反ではないというものであるが，裁判官の中にこれが違憲であると判断するものも相当数いることがわかるであろう。

　本書は，読者自身が最高裁の裁判官になったつもりでこの問題に判断をしてみるという体験をしてもらうことを目指すものである。もちろんその判断はいきなりできるものではなく，その前提となる知識や判断をワンステップずつ積み重ねていかねばならない。ここでは，最高裁判決の中でも，特に最高裁大法廷決定令和3年6月23日に特に焦点を当てる。

2．課題1：何が問題になっているのかを捉えよう

　法解釈の出発点は，問いを立てることである。これから何について考察するのかを自分ではっきり自覚するためには，まず問いを立て，それを文章化しておくことが必要である。文章化しておけば，考察途中で自分の位置を見失ったときに原点に立ち返ることが容易になる。

　この裁判で何が問題になったかは，判決文の冒頭の次の記述に明快に示されている。

　　　本件は，抗告人らが，婚姻届に「夫は夫の氏，妻は妻の氏を称する」旨を記載して婚姻の届出をしたところ，国分寺市長からこれを不受理とする処分（以下「本件処分」という。）を受けたため，本件処分が不当であるとして，戸籍法122条に基づき，同市長に上記届出の受理を命ずることを申し立てた事案である。本件処分は，上記届出が，夫婦が婚姻の際に定めるところに従い夫又は妻の氏を称するとする民法750条の規定及び婚姻をしようとする者が婚姻届に記載しなければならない事項として夫婦が称する氏を掲げる戸籍法74条1号の規定（以下「本件各規定」という。）に違反することを理由とするものであった。所論は，本件各規定が憲法14条1項，24条，98条2項に違反して無効であるなどというものである。

　この判決文は簡潔明快に書かれてはいるが，むしろそうだからこそすべてを一読で理解することは難しいかもしれない。この種の文を読むには一種のコツがある。それは，まずは一読した後，小さな問いをいくつか立て，その問いの答えを一つずつ探るというものである。今，我々が知りたいことは，この裁判が提起される前提にどういう事実があったか（裁判が提起された後の事実関係はこの段階では除いて考える），そして①誰が，②誰に，③何を，請求しているかという点である。この4つの点を探求するという意識をもってもう一度上記の引用を読み，読み取った情報を整理してみよう。その上で，誰が誰に何を請求しているかを文の形にまとめてみよう。

　いきなりまとめるのが難しいということであれば，次の段階を踏んでみよう。まずはどういう登場人物がいるかを探ってみよう。その上で，各登場人物が何をしたのかを整理してみよう。この整理をした上で，上の課題に取り組むとス

ムーズに作業を進めることができる。

　次の課題は，この請求がどういう条文に基づいて行われているか，すなわち法的な根拠が何かを突き止めることであるが，そこに入る前に，訴えの提起から最高裁大法廷にたどり着くまで何があったか簡単に解説しておくことにしよう。

　2018年3月15日の朝日新聞は，「事実婚の4組が家裁に申し立て『別姓選べぬのは違憲』」という見出しで，訴えの提起について伝えている。この記事によると，「東京都と広島市の事実婚の男女4組」が「婚姻届の受理を命じる審判」を求めたと伝えている。この4組の内の1組が本件裁判の抗告人らである。

　4組の申立ての内訳は，東京家裁本庁に1組，東京家裁立川支部に2組，広島家裁に1組というものであった。東京家裁本庁・東京家裁立川支部になされた申立てについては2019年3月28日にいずれも却下とする審判がなされた。そして3組とも2019年4月に東京高裁へと抗告がなされ，2019年11月から翌1月にかけていずれも抗告棄却の決定がでた。そして3件とも，2019年11月から2月にかけて最高裁に持ち込まれ，1組目と3組目は第三小法廷に，2組目は第一小法廷で審理されることになった。ところで，広島家裁になされた4組目の事件は，他よりやや遅れて2019年9月に同じく却下され，広島高裁での抗告棄却を経て，2020年11月に最高裁第一小法廷に持ち込まれた。

　4組の事件がこのように同時並行で進んでいったのは偶然ではない。これは弁護団による訴訟戦略としてなされたものである。夫婦別氏を認めない現行制度については，既に平成27年に最高裁大法廷が合憲との判断をしていた。この判断が判例となっているので，これを覆すためには最高裁の大法廷に持ち込まれなければならない。そのためには，小法廷の審理の中で，過半数（通例は3名）の裁判官が違憲であるとの判断をしなければならない。そうでなければ，審理は小法廷で終わってしまう。ところでどの裁判官が現行制度が違憲であるという意見をもっているかは事前にはわからない（平成27年の判決から数年が経過する中で，最高裁の裁判官のメンバーにも変動がある）。たまたまある小法廷では3人が合憲派であれば，仮に他にこれを違憲とする裁判官が多数いようとも，審理は小法廷で終わってしまう。逆にいうと，ある小法廷にたまたま違憲派の裁判官がいれば，審理は大法廷へと回付されることになる。しかし，どの小法廷に事件が係属するかは当事者からすれば神のみぞ知ることである。大法廷での審理を実現させる確率を上げるためには，複数の事件を裁判所に持ち込むこ

とが必要だったのである。そしてこの戦略が功を奏し，夫婦別氏問題について改めて最高裁大法廷で審理されることになった。

3．課題2：条文を探そう

　課題1では，誰が，誰に，何を，請求しているかを整理した。法解釈における最終的な結論はこの請求が認められるか否かについて結論を出すことであるが，その結論は法に基づいてなされるものでなければならない。では，この問題における法は何なのであろうか。これにかかわる条文を探していこう。

　上記引用の中にもっとも大事な条文については示されている。それを中心としつつ，関連する条文もあわせて探っていこう。

(1)　民法・戸籍法

　本事件は婚姻にかかわるものである。婚姻について規定しているのは民法である。また，婚姻届が出されると戸籍の記載の変更が生じる。戸籍について規定しているのは戸籍法である。そこで，民法と戸籍法から，関係する規定を探してみよう。

　まず戸籍法をみてみよう。戸籍法の目次を見ていると，ここに「婚姻」についての節があることがわかる。その中に，次の規定がある。

戸籍法74条1号

婚姻をしようとする者は，左の事項を届書に記載して，その旨を届け出なければならない。
一　夫婦が称する氏

　続いて民法を見ていこう。親族編の中にまとまった規定がある。731条以下が婚姻の成立に関する規定である。そこから741条までをざっと見てみよう。ここには，婚姻適齢，重婚の禁止，再婚禁止期間，近親者間の婚姻の禁止，直系姻族間の婚姻の禁止，養親子等の間の婚姻の禁止，未成年者の婚姻についての父母の同意，成年被後見人の婚姻，婚姻の届出，婚姻の届出の受理，外国に在る日本人間の婚姻の方式についての規定がある。

　またこれとあわせ，婚姻の無効や婚姻の効力の箇所も見てほしい。とりわけ婚姻の効力のところに，本件と深くかかわる次の条文がある。

─── **民法750条** ───

夫婦は，婚姻の際に定めるところに従い，夫又は妻の氏を称する。

また，婚姻の無効に関する次の規定も婚姻成立と深くかかわる。

─── **民法742条** ───

婚姻は，次に掲げる場合に限り，無効とする。
一　人違いその他の事由によって当事者間に婚姻をする意思がないとき。
二　当事者が婚姻の届出をしないとき。ただし，その届出が第七百三十九条第二項に定める方式を欠くだけであるときは，婚姻は，そのためにその効力を妨げられない。

(2)　憲　法

　課題1のところの引用にもどってほしい。ここに「所論は，本件各規定が憲法14条1項，24条，98条2項に違反して無効であるなどというものである。」とある。つまり，抗告人らは，民法・戸籍法の規定が憲法に違反するということも主張している。ここにあがる憲法の条文も各国で一通りみておいてもらいたい。

　憲法98条2項を本件の抗告人らがあげた理由は，国際法規の中に，婚姻における女性の差別を禁止する次のような規定が存在することと関係する。

─── **女子差別撤廃条約第16条** ───

締約国は，婚姻及び家族関係に係るすべての事項について女子に対する差別を撤廃するためのすべての適当な措置をとるものとし，特に，男女の平等を基礎として次のことを確保する。
(a)　婚姻をする同一の権利
(b)　自由に配偶者を選択し及び自由かつ完全な合意のみにより婚姻をする同一の権利
(c)　婚姻中及び婚姻の解消の際の同一の権利及び責任
(d)　子に関する事項についての親（婚姻をしているかいないかを問わない。）としての同一の権利及び責任。あらゆる場合において，子の利益は至上である。
(e)　子の数及び出産の間隔を自由にかつ責任をもつて決定する同一の権利並び

にこれらの権利の行使を可能にする情報，教育及び手段を享受する同一の権利

(f)　子の後見及び養子縁組又は国内法令にこれらに類する制度が存在する場合にはその制度に係る同一の権利及び責任。あらゆる場合において，子の利益は至上である。

(g)　夫及び妻の同一の個人的権利（姓及び職業を選択する権利を含む。）

(h)　無償であるか有償であるかを問わず，財産を所有し，取得し，運用し，管理し，利用し及び処分することに関する配偶者双方の同一の権利

　このb項は日本国憲法24条1項と同じように，婚姻は合意のみにより成立するものとすべきとする。またg項は，姓についても夫と妻の同一の権利が保障されるべきとする。この女子差別撤廃条約を日本も締結している。したがってここの条文にしたがった形に制度を整える義務を負っている。

4．課題3：条文を読もう

(1)　民法・戸籍法

　憲法上の問題は次の章で取り上げることにして，ここでは，法律レベルで，どういうときに婚姻が成立するのかに絞って，戸籍法と民法から情報を読み取ることにしよう。

　まずは民法から読んでいこう。民法731条から741条は，文字通り「婚姻の要件」について規定している。まずはこの11条をしっかり読んでもらいたい。

　このうち，731条から738条は，婚姻しようとする男女が双方とも18歳以上であること，別の誰かと婚姻していないこと，女性が再婚禁止期間にあたらないこと，男女が近親者ではないことなど，婚姻ができない場合について列挙している。こうした婚姻をすることができない事由のことを「婚姻障害事由」と呼んでいる。

　残る739条から741条は，婚姻届についての規定である。739条1項は，婚姻の届出をすることによって婚姻は効力を生ずる，とある。この届出と受理の要件のことを通例，「形式要件」と呼んでいる。ここの部分は我が国の制度の大きな特徴であり，夫婦別氏問題を考える上でも大きくかかわってくることになる。

　ところで，婚姻の成立については，この次の款の「婚姻の無効及び取消し」
も関わってくる。そこで続いて742条から749条までを精読してもらいたい。そ
れによると，婚姻届は出て受理されているものの，実際には「婚姻をする意
思」がないときには婚姻は「無効」であるとされる。また，同じく婚姻届が受
理されているものの，実は婚姻障害事由があった場合には（本来婚姻障害事由
があるかは婚姻届の提出後，受理するまでの間にチェックされ，これがある場合に
は受理されないということになるが，間違って受理されてしまうこともないわけで
はない），婚姻の「取消し」を求めることができる。この「無効」や「取消し」
というのは，簡単にできるものではない。いずれも所定の手続を踏む必要があ
る。特に注意を要するのは，婚姻届が出されておらず婚姻が成立していない状
況と，婚姻の無効とは別のものであると理解されている点である。
　婚姻の意思があることと，婚姻障害がないことは，婚姻を成立させるために
実質的に必要なことであるので，両者をまとめて「実質要件」と呼ぶ。これに
対し，婚姻届の提出と受理は，形式にかかわることであるので「形式要件」と
呼んでいる。
　効果についての図解は必要ないだろう。ただ注意をしておかねばならないの
は，効果は，婚姻が成立している，または成立していないという２つだけでは
ないということである。これに加えて，無効な婚姻，取消しの対象となる婚姻
というのもこの部分の条文が規定する効果ということになる。
　以上の話に戸籍法74条１号をくっつけてみよう。これが形式要件にかかわる
ことであることはすぐにわかるであろう。つまり，「夫婦が称する氏」を届出
なければ婚姻届は受理されないということになる（民法740条には「その他の
法令の規定に違反しないことを認めた後でなければ」受理できないとある）。
婚姻届が受理されなければ婚姻は成立していないということになる。ところで
戸籍法74条１号だけをみれば，「夫婦が称する氏」としかなく，この「氏」が
単数なのか複数なのかわからない。しかし，この点は，民法750条とあわせて
読めば，これが夫か妻のもともとの氏のいずれか（つまり単数）であることが
わかる。
　ここでの問いは，ＸとＹとの間で婚姻は成立しているかというものになる。
これがスタートとなる。では，ゴールは何か。これは効果のところで述べた４
つ，すなわち①婚姻は成立している，②婚姻は成立していない，③婚姻は無効
である，④取消し可能な婚姻があるである。このスタートからゴールまでを結

ぶ形でフローチャートを書いてみよう。

図Ⅲ-2-3

　我が国の婚姻制度の中核に位置するのは婚姻届である。婚姻届がなければ，婚姻の成立を云々することは全くできない。まず押さえておくべきことは婚姻届がなければ婚姻は成立していないというゴールにいくということである。
　婚姻届が提出されても，それだけで当然に婚姻が成立するというわけではない。婚姻届が出された後，役所では，「その婚姻が第731条から第736条まで及び前条第2項の規定その他の法令の規定に違反しないこと」の確認をとることになる。婚姻障害にあたる事由が存在する場合には，この時点で届出が受理されないという処分がなされることになる。この処分がなされれば，婚姻届が出されていないと同じ扱い，すなわち婚姻は成立していないというゴールへと至ることになる。ここまで限定でフローチャートを書くと次のようになる。ここの「婚姻障害等の事由はあるか」の「等」のところに夫婦の共通の一つの氏の届出がないことが含まれる。

図Ⅲ-2-4

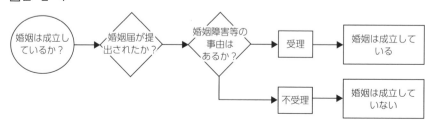

　このフローチャートに，さらに無効についても書き入れてみよう。婚姻の意思（すなわちXとYとの間の婚姻の合意）がないと婚姻は成立しない。ただ，我が国の場合は，婚姻届を出した後になって，婚姻の意思がないことが判明した場合には，婚姻無効の訴えを起こし，それが認められることで婚姻が無効とされ，そして戸籍が修正されるという手順を踏む。この点を踏まえて，フローチャートを書いてみよう。

図Ⅲ-2-5

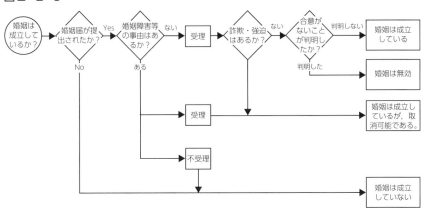

（2）　憲法24条

　続いて憲法を読むことにしたい。この事件では憲法の複数の条文が問題になるが，ここでは憲法24条（特に1項）に限定したい。

　憲法24条は立法府（つまり国会）に対して，一定の内容をもった法律をつくるように，あるいはつくってはならないということを定めている。この点を踏まえて憲法24条の大づかみなフローチャートを描くと次のようになろう。

図Ⅲ-2-6

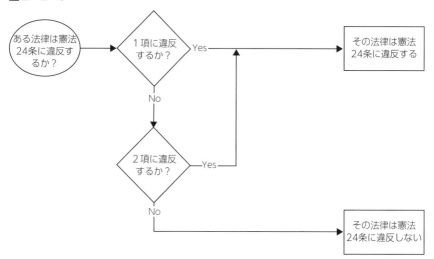

　続いて１項に特化した形で見ていこう。この条文，少々，整理がしづらいところがあるが，概ね次の３点について定めていると見てよいだろう。すなわち①婚姻に関する法律は婚姻を「両性の合意のみに基いて成立」させるものでなければならない，②婚姻に関する法律は「夫婦が同等の権利を有することを基本」とするものでなければならない，③婚姻に関する法律は，夫婦の「相互の協力により，維持」するものでなければならない。法律の条文がこのいずれかに反するものであれば，その法律は無効ということになる。これが憲法24条１項の効果である。

　ところで，この①については，憲法学の中で，一般に，婚姻の自由を定めたものとして理解されている。この表現を使ってフローチャートを描くと次のようになる。

図Ⅲ-2-7

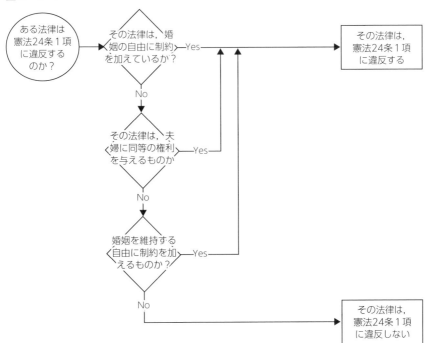

　ところで，憲法24条1項には明文では言及されていないが，ここで定めている婚姻の自由についても，公共の福祉等の制約には当然に服するといってよい。この点も書き込むと次のようになる。なお，本書で特に問題となっている婚姻の自由のところだけに限定して描いている。

図Ⅲ-2-8

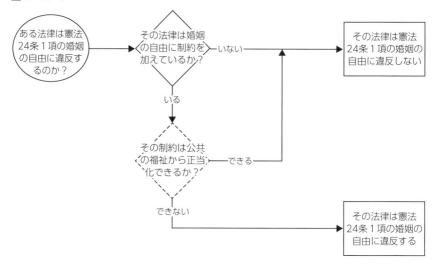

5．課題４：最高裁判決の論点整理をしよう

(1)　３つの最高裁判決・決定の概観

　それではいよいよ最高裁判決を読んでいくことにしよう。本章では，令和３年の大法廷判決に特に注目するものであるが，それと同じように夫婦同姓を定める民法・戸籍法の規定の合憲が問題となった最高裁の裁判としては，本章冒頭で述べた通り，平成27年12月16日の大法廷判決，第三小法廷の令和４年３月22日決定がある。この両者は令和３年の決定と密接なかかわりがある。というのも，令和３年の決定の多数意見は，平成27年の大法廷判決の多数意見を単に繰り返すものであるし，この点は令和４年の決定も同様である。また，令和３年の決定では宮崎・宇賀裁判官が反対意見を述べているが，令和４年の決定にもかかわった宇賀裁判官は，そこでもこの反対意見を繰り返しているのである。

　平成27年の大法廷判決の事件では，上告人（原告）は，夫婦同氏を定める現行制度は違憲であり，それにより損害を受けたとして国家賠償を求めるものであった。多数意見は，違憲ではないとして損害賠償を認めなかった。これに対し山浦裁判官の反対意見は，現行制度は違憲であるとして損害賠償を認めた。この他に，結論としては損害賠償を認めないとするが，違憲であるとの判断をしたものとして岡部裁判官がいる。同裁判官の意見に，桜井・鬼丸両裁判官が

同調している。また，木内裁判官も，違憲であるとしつつも，損害賠償は認めないという意見を書いている。それから，寺田裁判官の補足意見も見逃してはならない。この補足意見は，実質的には，岡部裁判官・木内裁判官に対する反論と見てよい。

　令和3年の決定は，すでに見たきたように，婚姻届の受理を求めているものである。現行制度は憲法に違反するので，それを修正の上，夫婦別姓の婚姻届も受理すべきであるとするのである。多数意見は，平成27年の多数意見を支持し，この請求を棄却した。これに対して，これを認めるべきとするのが宮崎・宇賀裁判官である。両裁判官は，現行制度は憲法違反であり，また現行制度を補充の上，婚姻届の受理を認めるべきとした。また，草野裁判官も，憲法違反であり，婚姻の成立を認めるべきとした。三浦裁判官は，現行制度は憲法違反であることを認めつつも，裁判所ができるのは違憲立法審査権により違憲の制度を無効にすることのみであり，新たな制度をつくることはできないので，請求は認められないと判断した。深山裁判官らの補足意見は，宮崎・宇賀反対意見に反対するものである。この補足意見があることで，最高裁の評議の内容をより活き活きと我々は知ることができる。

　令和4年判決は，平成27年判決の事件と同様，国家賠償を求めるものである。多数意見は平成27年の多数意見を自らの意見として採用している。宇賀裁判官は，令和3年の事件における自らの反対意見をここでも反対意見として繰り返している。この他，渡辺裁判官も現行制度が憲法に違反するとする意見を出している。

(2)　対立点を明らかにしよう

　3つの最高裁判決・決定を見てみると，多数の裁判官の意見が入り乱れた論争が起きていることがわかるであろう。対立している点は多岐にわたるが，その議論を整理するため，本章ではとりわけ宮崎・宇賀両裁判官の反対意見を中心に起きつつ議論状況を整理することにしたい。そうすると，次の3つが重要であるといえる。

①　現行制度に合理性があるのか，例外を許さないことに合理性はあるのか？

　第一に，現行制度が憲法24条1項に違反するかの判断をするにあたり，夫婦同氏制に合理性があるのかで考えるのか，それとも婚姻の自由の制約に合理的

理由があるのかについても問題にするのかという点である。

　平成27年判決の多数意見は，次のように述べている。「更に憲法24条にも適合するものとして是認されるか否かは，当該法制度の趣旨や同制度を採用することにより生ずる影響につき検討し，当該規定が個人の尊厳と両性の本質的平等の要請に照らして合理性を欠き，国会の立法裁量の範囲を超えるものとみざるを得ないような場合に当たるか否かという観点から判断すべきものとするのが相当である。」

　この多数意見に対し，平成27年の最高裁判決で木内裁判官が次のように反論している。「ここで重要なのは，問題となる合理性とは，夫婦が同氏であることの合理性ではなく，夫婦同氏に例外を許さないことの合理性であり，立法裁量の合理性という場合，単に，夫婦同氏となることに合理性があるということだけでは足りず，夫婦同氏に例外を許さないことに合理性があるといわなければならないことである。

　同様の反論を岡部裁判官も行っている。「同氏制度による憲法上の権利利益の制約が許容されるものか否かは，憲法24条にいう個人の尊厳と両性の本質的平等の要請に照らして合理性を欠き，国会の立法裁量の範囲を超えるか否かの観点から判断されるべきことは多数意見の述べるとおりである。ここで重要なのは，問題となる合理性とは，夫婦が同氏であることの合理性ではなく，夫婦同氏に例外を許さないことの合理性であり，立法裁量の合理性という場合，単に，夫婦同氏となることに合理性があるということだけでは足りず，夫婦同氏に例外を許さないことに合理性があるといえなければならないことである。」

　この対立を引き継ぐ形で，宮崎・宇賀両裁判官の反対意見は次のように述べている。「私たちの意見は，もとより，夫婦別氏を一律に義務付けるべきとするものではなく，夫婦同氏制に例外を設けていないことを違憲とするものであり，この点については平成27年大法廷判決における木内道祥裁判官の意見と趣旨を同じくする。」

　この対立は，要するに，夫婦同氏制に合理性があるのか，それとも婚姻の自由の制約に合理性があるのか，いずれの捉え方でいくべきかという対立である。多数意見は，夫婦同氏制に合理性があればこれは合憲であるということになるとするのに対し，平成27年の木内・岡部裁判官，令和3年の宮崎・宇賀裁判官は，問題はそこではなく，夫婦同氏制を一律に全員に強いることに合理性があるか，言い換えるならば，これに一切の例外を設けないことに合理性があるか

ということこそが問題であるとする。

　さて，この対立はどのように解決されるのであろうか。つまり，どちらの捉え方の方が我が国の法制度の解釈として適切といえるのだろうか。簡単に見ておきたい。この点についての説明は，平成27年の多数意見の8ページあたりでなされている[1]。また，これに対する宮崎・宇賀両裁判官の反対意見の反論は，18ページにある[2]。両者の対立ポイントをわかりやすく示すために次頁のフローチャートを描いてみた。

　フローチャート化してみると次のようになる。多数意見はその文言が憲法13条違反と14条違反ではないとなると，「全体的な規律を見据えた総合的判断」によることになるとする。これに対し，宮崎・宇賀両裁判官は，13条と14条のみならず憲法24条1項にも違反してはならないとする。この違いの部分が点線の部分にあたる。多数意見は点線の部分を（なぜか）除いているのに対し，宮崎・宇賀両裁判官は点線の部分も含めて考えているのである。

　ここの部分の違い，合理性の判断の仕方の対立につながっている。宮崎・宇賀両裁判官は，とりわけ憲法24条1項の適合性の判断（つまり点線の部分）にあって，例外を許さないことの合理性があるかを問題にするのに対し，多数意見は，そこではなく一番下の「総合的な判断」の中で，夫婦同氏制に合理性があるかの判断をするのである[3]。

②　憲法24条1項により保護される「婚姻の合意」とは何か

　第二の対立点として，憲法24条1項により保護される婚姻の合意とは何かを

---

(1)　「そうすると，憲法上の権利として保障される人格権を不当に侵害して憲法13条に違反する立法措置や不合理な差別を定めて憲法14条1項に違反する立法措置を講じてはならないことは当然であるとはいえ，憲法24条の要請，指針に応えて具体的にどのような立法措置を講ずるかの選択決定が上記(1)のとおり国会の多方面にわたる検討と判断に委ねられているものであることからすれば，婚姻及び家族に関する法制度を定めた法律の規定が憲法13条，14条1項に違反しない場合に，更に憲法24条にも適合するものとして是認されるか否かは，当該法制度の趣旨や同制度を採用することにより生ずる影響につき検討し，当該規定が個人の尊厳と両性の本質的平等の要請に照らして合理性を欠き，国会の立法裁量の範囲を超えるものとみざるを得ないような場合に当たるか否かという観点から判断すべきものとするのが相当である。」

(2)　そして，「法律は，個人の尊厳と両性の本質的平等に立脚して，制定されなければならない」という憲法24条2項の規定は，同条1項も前提としつつ，個人の尊厳と両性の本質的平等に立脚すべきであるとする要請，指針を示すことによって，婚姻及び家族に関する事項に係る法律の制定改廃における立法裁量の限界を画したものである（平成27年大法廷判決参照）。この「立法裁量の限界」は，かかる法律が憲法13条，14条1項に反するものであってはならないだけでなく，婚姻については憲法24条1項の趣旨に反するものであってもならず，また，これらの憲法の条項に反するとまではいえない場合であってもいずれの部分においても個人の尊厳と両性の本質的平等の原則を侵す内容であってはならないことを意味すると解される。」

図Ⅲ-2-9

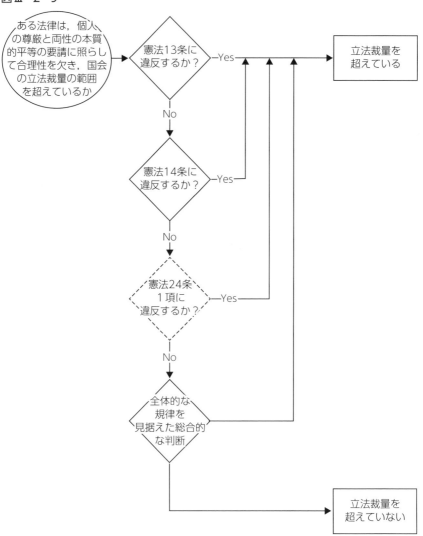

(3)　なお筆者には，ここにこそ多数意見の巧妙なトリックが隠されているように思える。このトリックを平成27年の岡部裁判官，木内裁判官はいわば直観的に見抜いている。ただ，そのトリックを完全に暴くことはできなかった。それを行ったのが令和3年の宮崎・宇賀裁判官である。宮崎・宇賀裁判官によるトリック暴きに真摯に多数意見の立場から反論し，実質的にはトリックとは別の論拠を提出したのが，「裁判官深山卓也，同岡村和美，同長嶺安政の補足意見」である。

めぐる対立がある。

　憲法24条1項は，婚姻は「合意のみ」によって成立するという。それではここでいう合意の定義は何なのであろうか。何について男・女が合意すれば憲法上保護される「婚姻」関係ということになるのであろうか。

　この点について平成27年の多数意見・意見・反対意見は何も語ってはいないが，令和3年の合議体の中にはこれについての議論があった。宮崎・宇賀両裁判官は，次のように述べている。「婚姻自体は，国家が提供するサービスではなく，両当事者の終生的共同生活を目的とする結合として社会で自生的に成立し一定の方式を伴って社会的に認められた人間の営みであり，私たちは，原則として，憲法24条1項の婚姻はその意味と解すべきであると考える。」このように，宮崎・宇賀両裁判官の意見によると，「終生的共同生活を目的とする結合として社会で自生的に成立し，一定の方式を伴って社会的に認められた人間の営み」をしようとすることについての合意があれば，憲法上保護されるべき「婚姻の合意」があることになる。ここでいう「一定の方式」が何であるかをどう理解するかによるが，ここには氏は含まれないとするならば，氏についての合意がなくとも，憲法上保護される「婚姻の合意」が存在することになる。

　これに対して深山・岡村・長嶺の三裁判官は反論する。「ここでいう婚姻も法律婚であって，これは法制度のパッケージとして構築されるものにほかならない。」このように解したら，法律に定めるパッケージ全部が成立してはじめて憲法上保護される婚姻ということになる。この場合，単一の氏についての両者の合意がないと，婚姻は成立していないということになる。

　憲法24条1項の婚姻の合意の定義はどうあるべきなのだろうか。この点については，後述の課題5で詳しくみた上で，読者のみなさんにも自分の意見を考えてもらう予定である。

③　裁判を通じた補充的立法の可否

　第三の対立点は，現行制度が憲法に違反するとしても，抗告人らの婚姻届を受理するという判断をすることかできるかという点である。

　宮崎・宇賀両裁判官は，「本件各規定のうち夫婦に同氏を強制し婚姻届に単一の氏の記載を義務付ける部分が違憲無効であるということになれば，本件処分は根拠規定を欠く違法な処分となり，婚姻の他の要件は満たされている以上，市町村長に本件処分をそのままにしておく裁量の余地はなく，本件婚姻届についても，婚姻届不受理処分が違法である場合の一般の審判と同様，届出の日付

での受理を命ずる審判をすべきことになると考えられる。」

　この点に対し，三浦裁判官は真っ向から反対し，「それらが一つの選択肢に限定する部分については違憲無効であるというにしても，それを超えて，他の選択肢に係る婚姻の効力及び届書の記載事項が当然に加えられると解することには無理がある」と述べている。

(3) 対立の全体像の整理

　以上見てきた対立点の全体像をフローチャートの形で整理しよう。

　対立点の1点目は，要するに現行制度が憲法24条1項に違反するかどうかという問題である。多数意見はここの部分をスルーさせて，実質的には2項の問題にすることで，夫婦同氏に例外を許さないことの合理性の判断を回避している。

　憲法24条1項に違反していないとすれば，2項の中で，確かに現行制度の合理性を総合的に判断することになろう。ただ，この判断では様々な問題を総合的に考えねばならず，がっちりかみ合った議論をすることは難しい。

　仮に憲法24条1項（または2項）に現行制度が違反することになったとしても，ただちに抗告人らの請求（つまり婚姻届の受理を命ずること）が認められるわけではない。その上で，さらに別途，婚姻成立を認めることができるかについて考えねばならない。

図Ⅲ-2-10

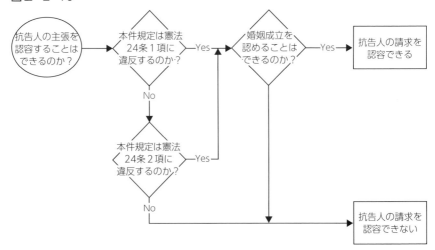

6．課題 5：憲法24条 1 項違反か？

　まずは現行制度が憲法24条 1 項に違反するかどうかという点について見ていくことにしよう。憲法24条 1 項については，すでにフローチャート（前述図Ⅲ - 2 - 7 参照）を描いている。

　ここでは，このフローチャートの一つ目の要件，すなわち，婚姻の自由の制約というところに限定して見ていく（図Ⅲ - 2 - 8 もあわせて参照のこと）。

⑴　平成27年判決の多数意見を読む

　まずは平成27年の多数意見（これは令和 3 年の多数意見でもある）が，この問題についてどう言っているか見てみよう。

> 　憲法24条は， 1 項において「婚姻は，両性の合意のみに基いて成立し，夫婦が同等の権利を有することを基本として，相互の協力により，維持されなければならない。」と規定しているところ，これは，婚姻をするかどうか，いつ誰と婚姻をするかについては，当事者間の自由かつ平等な意思決定に委ねられるべきであるという趣旨を明らかにしたものと解される。
> 　本件規定は，婚姻の効力の一つとして夫婦が夫又は妻の氏を称することを定めたものであり，婚姻をすることについての直接の制約を定めたものではない。仮に，婚姻及び家族に関する法制度の内容に意に沿わないところがあることを理由として婚姻をしないことを選択した者がいるとしても，これをもって，直ちに上記法制度を定めた法律が婚姻をすることについて憲法24条 1 項の趣旨に沿わない制約を課したものと評価することはできない。ある法制度の内容により婚姻をすることが事実上制約されることになっていることについては，婚姻及び家族に関する法制度の内容を定めるに当たっての国会の立法裁量の範囲を超えるものであるか否かの検討に当たって考慮すべき事項であると考えられる。

　ここでは，「婚姻をするかどうか，いつ誰と婚姻をするかについては，当事者間の自由かつ平等な意思決定に委ねられるべき」という表現が用いられている。上記のフローチャートの中に書いた文言とは少し違うが，その相違は特に気にする必要はない。この文言に合わせて思い切ってフローチャートを単純化

すると次のようになる。

図Ⅲ-2-11

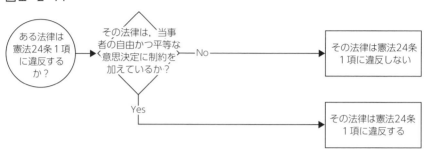

　多数意見は，憲法24条1項の判断枠組みをこのフローチャートのように理解した上で，包摂を行う。そして，本件規定は，「直ちに上記法制度を定めた法律が婚姻をすることについて憲法24条1項の趣旨に沿わない制約を課したものと評価することはできない」とする。つまり，フローチャートの要件を満たさないので，憲法24条1項には違反しないということになるのである。

　ところで，ここでいう「直接の」あるいは「事実上の」といっていることはどうにもよく理解できない。現行制度では，夫婦同氏の届出をしない限り婚姻届は受理されず，婚姻は成立しないことになっている。これのどこが「直接」の制約を課すものではないということになるのであろうか。また，婚姻の自由への制約の有無を判断するにあたり，それが法律上のものであるかあるいは「事実上の」ものであるかに違いがあるのであろうか。あるとは到底思えない。なお，この部分の多数意見がいっていることが何かは，少なくとも補足意見を書いた深山裁判官については，後述のようにその記述から推し量ることはできる。

(2)　宮崎・宇賀両裁判官の反対意見（令和3年）

　続いて宮崎・宇賀裁判官の反対意見を見ていこう。ここでも，婚姻の自由の制約のところに特にフォーカスする。憲法24条1項の判断枠組みについては，図Ⅲ-2-8を参照してもらいたい。

　それでは，判決文20頁のカ〜ケの部分を読んでいこう。ここが「その法律は婚姻の自由に制約を加えているか」に関わるところである。ここでは，24条1

項の「婚姻は，両性の合意のみに基いて成立し，」の合意の内容が何であるか
について特に問題にしている。条文のこの文言からすると，つまりそれは「婚
姻」についての合意ということになるが，その「婚姻」とはつまり何かが話題
になっているのである。

　　カ　婚姻自体は，国家が提供するサービスではなく，両当事者の終生的
　共同生活を目的とする結合として社会で自生的に成立し一定の方式を伴っ
　て社会的に認められた人間の営みであり，私たちは，原則として，憲法24
　条1項の婚姻はその意味と解すべきであると考える。もし様々な理由から，
　婚姻の成立や効力，内容について法令によって制約を定める必要があるの
　であれば，かかる制約が合理性を欠き上記の意味における婚姻の成立につ
　いての自由かつ平等な意思決定を憲法24条1項の趣旨に反して不当に妨げ
　るものではないことを，一つひとつの制約について各別に検討すべきであ
　る。民法733条1項の再婚禁止期間の制約についてなされた再婚禁止期間
　大法廷判決の違憲判断は，正にその検討の結果であったが，その検討を経
　た上で，かかる制約に合理性があると認められる場合には，法律によって
　婚姻にかかる制約を課すことは憲法24条1項の趣旨に反するものではない。
　　キ　例えば，婚姻の成立に市町村長への届出を要件とする手続制度自体
　は，婚姻に伴う権利義務を定め，国家としてもその権利義務の実現に係る
　責務を履行する上で必要といえるから，届出義務を課すことは婚姻に対す
　る合理的制約であって憲法24条1項の趣旨に反しないと考えることができ
　るし，それ以外にも，重婚の禁止や近親血族間の婚姻禁止等公共の福祉の
　見地からの制約も合理的な制約といえることについては私たちも異論はな
　い。
　　ク　しかし，民法における婚姻制度において定められた特定の制約が，
　婚姻をするについての当事者の自由かつ平等な意思決定を憲法24条1項の
　趣旨に反して不当に侵害すると認められる場合には，かかる制約はかかる
　侵害を生じさせる限度で違憲無効とされるべきである。民法が定める制約
　の中にそのような違憲無効な制約が含まれている場合に，違憲無効な制約
　に服することを所与の前提としてされる婚姻の意思決定は，憲法24条1項
　の趣旨に沿う婚姻をするについての自由かつ平等な意思決定とはいえない。
　また，婚姻及び家族に関する事項については法制度の制度設計が重要な意

味を持つことに異議はないが，そのことゆえに違憲無効な制約が合憲とされるべき理由はない。

　　ケ　以上から，憲法24条1項の婚姻は，民法によって定められた婚姻制度上の婚姻から，同項を含む憲法適合性を欠く制約を除外した内容でなければならないと考える。

　ここの理解は，すこし言葉を補って考える必要がある。ここでは，合意の内容が何であるかが問題になっている。ただ，その前提として，それを問題にする意味がどこにあるかを考えておかねばならない。この点について上記引用ははっきりとは語っていないが，次のような図式を念頭に置いていると考えてよい。

図Ⅲ-2-12

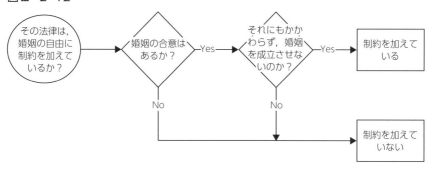

　つまり，婚姻の自由への制約（特に婚姻の成立という局面でのそれ）というものがあるといえるためには，婚姻についての合意があり，そしてそれがあるにもかかわらず婚姻を成立させないような制約が課せられているかということを問題になる。このような背景の下で，ここでいう合意の内容たる「婚姻」とは何であるかについて問題にしている。そして，この意見では，ここでいう「婚姻」とは，「両当事者の終生的共同生活を目的とする結合として社会で自生的に成立し一定の方式を伴って社会的に認められた人間の営み」であるとする。

　以上の判断枠組みに，宮崎・宇賀両裁判官の意見は，事実関係をあてはめていく。その過程が判決文の21頁以降にある。見出しでいうと「⑵夫婦同氏を婚姻届の受理要件とすることは，婚姻をするについての直接の制約と解されるこ

と」，「(3)本件で抗告人らが主張している人格的利益の由来と性質について」，
「(4)民法750条を含む本件各規定によって課される制約の意味について」，「(5)上
記の侵害の不当性」に示されている。該当箇所を読み，宮崎・宇賀両裁判官の
意見が憲法24条1項の適合性についてどのように述べているかを読み取ってみ
よう。

(3)　深山意見（令和3年）

　宮崎・宇賀両裁判官の上述の見解に対し，深山・岡村・長嶺の各裁判官は反
論を加えている。この反論は，三裁判官による補足意見の中で展開されている。

　　私たちは，本件各規定は憲法24条に違反するものとはいえず，平成27年
　大法廷判決の判断を変更する必要はないとする多数意見に賛同するもので
　あるが，その趣旨等について若干の点を補足して述べておきたい。
　　1　まず，所論は，本件各規定が，夫婦となろうとする者の一方が従前
　の氏を改めて夫婦同氏とすることを婚姻の要件としており，婚姻に対する
　法律上の直接的な制約となっているという。
　　確かに，民法750条を受けて，戸籍法74条1号は，夫婦が称する氏を婚
　姻届の必要的記載事項としており，これを記載しなければ，婚姻届は受理
　されず，婚姻は効力を生じないのであるから（民法739条1項，740条），そ
　の点を捉えれば，本件各規定は，夫婦同氏とすることを婚姻の要件として
　おり，婚姻に制約を加えるものということもできる。
　　しかしながら，ここでいう婚姻は法律婚であって，その内容は，憲法24
　条2項により婚姻及び家族に関する事項として法律で定められることが予
　定されているものであるところ，民法750条は，婚姻の効力すなわち法律
　婚の制度内容の一つとして，夫婦が夫又は妻の氏のいずれかを称するとい
　う夫婦同氏制を採っており，その称する氏を婚姻の際に定めるものとして
　いる。他方で，我が国においては，氏名を含む身分事項を戸籍に記載して
　公証する法制度が採られており，民法739条1項において，婚姻は，その
　ような戸籍への記載のための届出によって効力を生ずるという届出婚主義
　が採られている。そして，これらの規律を受けて，戸籍法74条1号は，婚
　姻後に夫婦が称する氏を婚姻届の必要的記載事項としているのである。民
　法及び戸籍法が法律婚の内容及びその成立の仕組みをこのようなものとし

た結果，婚姻の成立段階で夫婦同氏とするという要件を課すこととなったものであり，上記の制約は，婚姻の効力から導かれた間接的な制約と評すべきものであって，婚姻をすること自体に直接向けられた制約ではない。

　また，憲法24条1項は，婚姻をするかどうか，いつ誰と婚姻をするかについては，当事者間の自由かつ平等な意思決定に委ねられるべきであるという趣旨を明らかにしたものであるところ，ここでいう婚姻も法律婚であって，これは，法制度のパッケージとして構築されるものにほかならない。そうすると，仮に，当事者の双方が共に氏を改めたくないと考え，そのような法律婚制度の内容の一部である夫婦同氏制が意に沿わないことを理由として婚姻をしないことを選択することがあるとしても，これをもって，直ちに憲法24条1項の趣旨に沿わない制約を課したものと評価することはできない。

　したがって，夫婦同氏とすることを婚姻の要件と捉えたとしても，本件各規定が憲法24条1項に違反すると直ちにいうことはできず，平成27年大法廷判決もこの趣旨を包含していたものと理解することができる。

　この引用における大事なポイントは，憲法24条1項における婚姻の合意というものは，「法律婚」をすることの合意であるといっていることである。つまり，法律婚を成立させるために必要なことについてすべて両者が合意をしてはじめて，憲法24条1項における婚姻の合意がなされたことになるというのである。

　法律婚を成立させるためには何が必要であったか。そのためには，婚姻届を出さなければならないし，婚姻届が有効に受理されるためには，戸籍法に定める所定事項として，夫婦の共通の一つの氏を届け出なければならない。言い換えると，婚姻をしようとする者は，単に婚姻するということについての合意のみならず，婚姻届を出すということについても合意しておかねばならないし，さらに，共通の氏をどうするかについても合意しておかねばならないのである。こうした戸籍法という法律（これは憲法の下位にある規範）に定める要件を満たしてはじめて，憲法（これは法律の上位にある規範）上定まる婚姻の合意が満たされたことになるとするのである。

7．課題6：憲法24条1項への適合性について考えてみよう。特に「合意のみ」とは何を意味するのか

(1)　はじめに

　憲法24条1項の「婚姻」の「合意」とは何を意味するのであろうか。ここに，氏についての合意（つまり夫婦が共通して用いる一つの氏をどうするかについての合意）も含まれるのであろうか。これをどう判断するかは，夫婦別氏事件の実質的な天王山である。

　ここに氏についての合意も含まれるのであれば，この事件の当事者（抗告人）は，憲法24条1項にいうところの「婚姻」の「合意」はしていないことになる。そうすると，本件規定（戸籍法74条1号，民法750条）は，婚姻の自由に制約を加えているものではないことになる（この点については図Ⅲ-2-12をみよ）。これに対し，憲法24条1項の「婚姻」の「合意」には，氏についての合意は含まれないとするならば，この事件の当事者は婚姻の合意をしていることになる。それにもかかわらず，本件規定（戸籍法74条1号，民法750条）により両者の婚姻成立が阻まれているのであるから，ここに婚姻の自由の制約が存在することになる。婚姻の自由の制約の存在が肯定されるということであれば，その制約が公共の福祉による正当化がなされるかどうかが問題となり，それができないのであれば憲法24条1項に違反することになる（図Ⅲ-2-12参照）。

　一方，婚姻の自由の制約がなく，憲法24条1項違反がないとなれば（そして憲法13条，14条違反もないということであれば），問題は，「全体的な規律を見すえた総合的判断」の場に持ち込まれることになる（図Ⅲ-2-9）。この総合的判断がどういう枠組みでなされるのかは明確に定めようのないものであり，「総合的」という名の下でいかようにも判断することができてしまう。現に平成27年大法廷判決の多数意見は，この「総合的」な判断の名の下で，本件規定が憲法の定める立法裁量の範囲を超えていないとの結論を出している。

　このように見てくると，婚姻の自由の制約があると判断するか否かがこの争いにおける決定的な分かれ道であり，その判断を左右するもっとも大事なポイントが，「婚姻」の「合意」とは何であり，そうした合意が本件において存在するといえるのかというところにあることが理解されるであろう。この点は，さらにいえば，ここでいう合意の内容に氏についての氏についての合意が含まれるか，そしてここでいう合意とは，単に当事者の間でなされるものでよいのか，それとも一定の要式性（この言葉の意味については後ろで説明する）を備えたものでなければならないのかという点にかかってくることになる。

　本章では，まさしくこのポイントに焦点を当て，読者のみなさんに，自分で判断を下してもらうことを目指している。これからこの判断にかかわる情報をいくつかの観点から紹介する。自分がこの問題にどう判断するかを意識しつつ読んでもらいたい。その上で，自分の意見を展開してもらいたい。

⑵　「のみ」ではないものは何?―立法者意思に即して考えるか，法目的を定立するか?

　まずは，憲法24条の立法過程を辿り，その中で婚姻の「合意のみ」という文言が当初の段階で何を意味していたかを考えることにしよう。

　憲法24条の原案を誰がつくったかは，正確な特定がされている。それは，GHQの民間人要員をしていたベアテ・シロタ・ゴードン（Beate Sirota Gordon, 1923-2012）という人物である[4]。彼女は，ピアニストであった父に連れられて5歳のとき（1929年）ウィーンから日本へとやってきた。そして，1939年15歳でサンフランシスコのミルズ・カレッジに入学するまでの10年間，日本で暮らした。太平洋戦争が始まると，日本にいる両親とは連絡が途絶，アメリカで自活する。戦後になり，GHQの一員として，再来日したのであった。

　GHQの民政局ベアテ・シロタは，期せずして，憲法起草にかかわることになる。いわゆるマッカーサー草案（GHQ案）を作成するスタッフの一員に加わったのである。彼女が起草した条文の中の一つに，後に憲法24条となる次の条文があった[5]。なお，以下の引用文の波線部は，筆者によるものである（以下同じ）。

---

[4]　ベアテ・シロタ・ゴードン『1945年のクリスマス―日本国憲法に「男女平等」を書いた女性の自伝』。

ベアテ・シロタ案

The family is the basis of human society and its traditions for good or evil permeate the nation. Hence marriage and the family are protected by law, and it is hereby ordained that they shall rest upon the undisputed legal social equality of both sexes, upon mutual consent instead of parental coercion, and upon cooperation instead of male domination. Laws contrary to these principles shall be abolished, and replaced by others viewing choice of spouse, property rights, inheritance, choice of domicile, divorce and other matters pertaining to marriage and the family from the standpoint of individual dignity and the essential equality of the sexes.

このベアテ・シロタ案をもとにGHQ案がつくられた。

GHQ案23条

The family is the basis of human society and its traditions for good or evil permeate the nation. Hence marriage and the family are protected by law, and it is hereby ordained that they shall rest upon the undisputed legal social equality of both sexes, founded upon mutual consent instead of parental coercion, and upon cooperation instead of male domination. Laws contrary to these principles shall be abolished, and replaced by others viewing choice of spouse, property rights, inheritance, choice of domicile, divorce and other matters pertaining to marriage and the family from the standpoint of individual dignity and the essential equality of the sexes.

このGHQ案が提示された後，まずは，これが外務省の下で仮訳される。それが次のものである。

---

(5)　「家庭は，人類社会の基礎であり，その伝統は，善きにつけ悪しきにつけ国全体に浸透する。それ故，婚姻と家庭とは，法の保護を受ける。婚姻と家庭とは，両性が法律的にも社会的にも平等であることは当然あるとの考えに基礎をおき，親の強制ではなく相互の合意に基づき，かつ男性の支配ではなく両性の協力に基づくべきことを，ここに定める。
　これらの原理に反する法律は廃止され，それに代わって，配偶者の選択，財産権，相続，本拠の選択，離婚並びに婚姻および家庭に関するその他の事項を，個人の尊厳と両性の本質的平等の見地に立って定める法律が制定されるべきである。」（前掲『1945年のクリスマス』156頁）

　　家族ハ人類社会ノ基底ニシテ伝統ハ善カレ悪シカレ国民ニ滲透ス婚姻ハ
男女両性ノ法律上及社会上ノ争フ可カラサル平等ノ上ニ存シ両親ノ強要ノ
代リニ相互同意ノ上ニ基礎ツケラレ且男性支配ノ代リニ協力ニ依リ維持セ
ラルヘシ此等ノ原則ニ反スル諸法律ハ廃止セラレ配偶者ノ選択，財産権，
相続，住所ノ選定，離婚並ニ婚姻及家族ニ関スル其ノ他ノ事項ヲ個人ノ尊
厳及ヒ両性ノ本質的平等ニ立脚スル他ノ法律ヲ以テ之ニ代フヘシ

　これをもとに検討が進められ，いわゆる3月5日案では次のようになる。

3月5日案

婚姻ハ男女相互ノ合意ニ基キテノミ成立シ，且夫婦ガ同等ノ権利ヲ有スルコト
ヲ基本トシ相互協力ニ依リ維持セラルベキモノトス
配偶者ノ選択，財産権，相続，住所ノ選定，離婚並ニ婚姻及家族ニ関スル其ノ
他ノ事項ニ関シ個人ノ威厳及両性ノ本質的平等ニ立脚セル法律ヲ制定スヘシ

　その後，口語体に改められる。また，波線部分が「両性の合意のみに基づい
て」と修正され，衆議院と貴族院を経て，可決された。
　以上の立法過程から何がわかるか。ベアテ案でもGHQ案でも「親の強制で
はなく相互の合意に基づき」とある。これが最終的には「両性の合意のみに基
いて成立し」と縮められた。これを縮めるにあたって特段の意図があったこと
は確認できない。そうすると，憲法24条1項にある「合意のみ」の「のみ」が
特に何を意味していたかというと，親の強制を排除するということであったこ
とがわかる。つまり，当人が婚姻したいと考えている場合にあって，親が婚姻
させないという形での介入をすることを禁止することを意味している。
　この趣旨に従い，民法が改正された。戦前の段階では民法には，婚姻には親
の同意や戸主の同意が必要とされていたが，こうした規定が廃止された。
　このように見てくると，憲法24条1項は，その成立段階にあたっては，婚姻
に対する国家による介入を排除するという意図はない。この段階における「婚
姻」とは，深山裁判官らの補足意見がいうところの「……のパッケージ」であ
り，法律婚を意味していたと見てよい。つまり，法律上に定める婚姻成立の要
件（もちろん，親の介入を許容するようなものは除く）をすべて満たしている場
合に，その婚姻に対して親が介入してくることを禁止するものとみることがで

きる。このようにしてみると，立法者意思に即して考えるならば，深山裁判官らの補足意見の解釈の方が妥当といえる。

(3)　「合意」のドグマ史(1)—西洋編

　日本法の婚姻成立は，いわば届出主義といってもよいものである。届出があってはじめて成立が問題になるし，その時点は合意があるかどうかの確認は行われない。後で合意がなかったという主張がなされてはじめて合意の有無が争われるにすぎない。これに対し，ヨーロッパの法伝統では，合意が中心におかれる。

　ローマ法では，婚姻の成立のためには婚姻障害の不存在の他，合意と輿入れ（妻となる女性が夫の家に来て生活を始めること）が要求された。つまり，合意を中核におく形で婚姻成立が考えられてはいるものの，この段階では，まだ「合意のみ」で婚姻が成立したわけではなかった。

　カノン法の下で，合意のみによる婚姻成立の理論が形成された。そもそも聖書には婚姻をすることで「人は父と母を離れてその妻と結ばれ，二人は一体となる」（エフェソ信徒への手紙5，30）という記述があり，婚姻というものが家の問題ではなく当人どうしの問題であることが強調されていた。そして，婚姻は七つの秘蹟（sacramentum）の一つとして位置づけられ，他の人間関係とは異なる特別な宗教上の意味が与えられた。教皇令集（1140年）のX 4，1，1には，「婚姻は合意のみによって締結され」と明記された。当初，この合意とは，文字通り，当人同士で交わされる無方式の合意であると理解されていたが，そうすると二人が秘めやかに交わした婚姻の約束でもって理論上は婚姻が成立してしまう。そうすると，後からこの合意があったかなかったという争いが生じると合意の有無を法廷で確定することが困難になり争いが紛糾してしまう。カノン法では離婚は認められていないので，この紛糾は深刻になってしまう。そこで，トリエント公会議において，婚姻の合意は司祭の面前で行われるべきものとされた。つまり，婚姻は「合意のみ」で成立するものの，そこでいう合意とは，司祭の面前で適式に行われるものであることが求められたのである。これが現在のカトリック教会法の立場である。現代のカノン法典では，「婚姻契約当事者が婚姻が一定の性的協力によって子を出生するために定められた男女間の永続的結合であることについて」（Can. 1096 § 1, 1055 § 1）の合意が，教会の挙式の中で行われることによって婚姻が成立するものとなっている。

　近代になりフランス革命がおきると婚姻の成立についても大きな変革が生じた。1791年9月3日の革命憲法は、「法律は婚姻を民事契約とのみ認める」と定め、婚姻が教会法から国家法の管轄下に置かれることになった。そして、民法典では、身分吏の下で行われる婚姻の儀式の中で締結される婚姻の合意によって婚姻が成立されるものとされた。管轄こそかわるものの、婚姻が儀式の中でなされる合意によって成立するとする点はカノン法の発想を引き継いだものとなっている。ところでフランス民法では、婚姻の儀式の完了時に婚姻証書が発行されるものとされ、この証書を身分登録簿に記載するため役所へと届け出ることを求めている。この届出は、婚姻成立の事実の証明のためになされるのである。この後述べるように、日本の民法典では、この前の儀式がすべて削除され、届出だけが残された上で、届出により婚姻が成立するという発想がとられることになる。

(4)　「合意」のドグマ史(2)─日本編
①　江戸時代・明治初期

　元来、日本では婚姻という制度の社会的意義はヨーロッパに比して大きくはなかった。ローマの市民社会では、適法な婚姻から生まれた子にしか、その市民社会の正規の構成員たる地位を与えなかったが、日本では男系の血統がつながっていれば、婚姻関係から生まれたか否かにかかわらず父の地位の継承ができた。こうした状況下にあっては、婚姻の成立が厳格に法的な問題とされる必要はなかった。この状況は明治になり大きく変化する。このとき日本は欧米に倣った一夫一婦の婚姻制度を取り入れることになった。

　明治初期における家族法形成史において忘れてはならないことは、この時期、家族法の形成と並行するか、あるいはむしろそれにやや先行する形で戸籍制度が整備されていったことである。明治元年、まだ幕末の動乱の匂い漂う京都には、脱藩した浮浪の者たちがたむろしていた。こうした者たちを取り締まり、治安を回復させるため、明治政府の指示の下、京都市は、戸籍の編成を始めた。翌年、明治政府は、京都に倣った形で戸籍を編成するよう政府の直轄領の府県に命じ、明治4年には、太政官布告で戸籍法を定め、全国府県で同様の戸籍を編成すべきものとした。このようにして生まれた戸籍制度は、単なる住民登録制度を超えた意味をもつようになる。すなわち、戸籍が「戸」（家のこと）を単位として編成されたことにより、「家」制度を支える基盤として機能するよ

うになるのである。国民はまずはどこかの「家」に所属し，その「家」の戸主の支配下に服属する（図Ⅲ-2-13）。そして，こうした「家」を束ねるものとして天皇がいるという国家思想が形成されていくのである。こうした「家」には氏が与えられ（江戸時代まで氏を名乗っていたのは武士や貴族などの限られた者たちだけであったが，この時期，すべての者がいずれかの家に所属するものとされ，その家に氏が与えられたことにより，すべての国民が氏をもつこととなった），同じ家に所属する者は一つの同じ氏を名乗ることとなった。こうした戸（家）の記録簿が戸籍なのである。

図Ⅲ-2-13

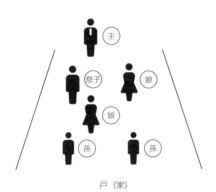

戸（家）

②　旧民法

戸主を中心とする家族法が明文の形をとるのは，まずは旧民法においてである。戸主は「一家の長」とされ，戸主の配偶者やその家にいる親族・姻族が戸主の家族とされた（243条）。こうした戸主・家族は，「その家の氏」を称するものと明記された。婚姻は，妻となる女性（あるいは，いわゆる婚養子をとるという形の縁組みにあっては，夫となる男性）が実家より出て，婚家に入ることと観念された（もちろんこれにより氏が変わることになる。図Ⅲ-2-14）。また，ここでは，当然に，婚姻が成立するためには，双方の戸主の同意が必要であった。

図Ⅲ-2-14

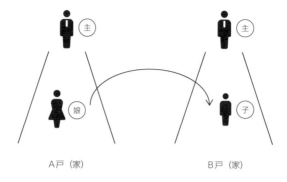

A戸（家）　　　　　　　B戸（家）

　婚姻の成立に関し，旧民法は，フランス民法に倣った形で，婚姻の儀式によって成立するという主義を採用した（49条）。

―――――――――――― **旧民法49条** ――――――――――――

婚姻ハ証人二人ノ立会ヲ得テ慣習ニ従ヒ其儀式ヲ行フニ因リテ成ル
当事者ノ承諾ハ此儀式ヲ行フニ因リテ成立ス

　カノン法からフランス民法に取り込まれた発想がここにもあることに気づかされるであろう。つまり，儀式という要式性をもった形でなされる合意（上の条文上は「承諾」といっているが同じこと）によって婚姻が成立するという考え方がとられているのである。また，この儀式のあと，10日以内に届出をしなければならないとされたが，あくまでも婚姻の成立自体は，儀式の中での合意によるものであって，届出は，婚姻成立の証明のためのものと位置づけられている。この点もフランス民法と同様である。

　③　明治民法

　旧民法は民法典論争の結果，施行が延期され，大幅な修正作業が施されることになった。戸主を中心とする家制度についてはほぼそのまま維持されたが，婚姻成立については，大幅変更が加えられることになった。旧民法にあった婚姻の儀式は消滅し，また合意によって婚姻が成立するということを明文で定める条文もなくなり，それに代えて「婚姻ハ之ヲ戸籍吏ニ届出ツルニ因リテ其効力ヲ生ス」とされた。これにより，旧民法では単なる証明のための制度であった届出が婚姻成立そのものをもたらす制度となった。ここにおいて，婚姻

図Ⅲ-2-15

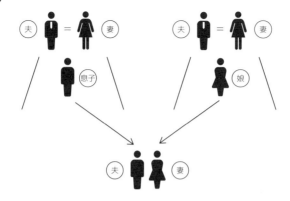

の合意を中核に置くヨーロッパ法的発想からの決定的な変化が生じてしまっている。

④　戦後の改正

　家族法については，第二次世界大戦後に大幅な改正がなされる。この改正では，家制度が廃止されることになり，それに伴い，婚姻の家族法の中の位置づけが大きく変わる。すなわち，従来は，婚姻とは一つの家からその家族の一人を別の戸へと移動するための行為であった（図Ⅲ-2-14）。ところが戦後の改正により，婚姻は夫となる個人と，妻となる個人との結合とされ，この結合により，双方ともそれまでの親の戸籍から抜け，二人で一つの新たな家を構成するものとされた。そして，この新たな家に共通の氏を定め，夫婦は二人ともその氏を名乗ることとなった（図Ⅲ-2-15）。

　このように家制度や婚姻の家族法における位置づけに関しては根本的変化が生じたものの，婚姻の成立については，それが届出によって成立するという点に変更は加えられなかった。なお，後述するように，この時期の民法改正の議論の中で儀式婚を復活させようというアイディアも国会に提出されていたことは注目に値する。

　ここまでを整理しよう。旧民法における婚姻の成立（図Ⅲ-2-16）と，現行民法におけるそれを，それぞれ図解すると図Ⅲ-2-17のようになる。

図Ⅲ-2-16

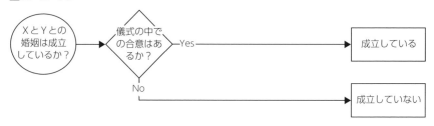

図Ⅲ-2-17

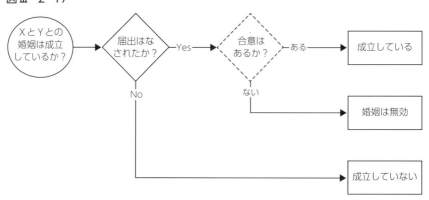

(5)　契約と婚姻—私的自治に任せてよいのか？

　契約も婚姻も，合意がその成立のための中核的な要件であるという点で共通性を有する。また，時に婚姻も契約であるといわれることも確かである。しかし，この両者はその成立にあたっても，またその効果についても，大きな違いがあることを忘れてはならない。

　元来，ローマ法では契約（contractus）とは，債務（obligatio）を意図的に発生させるための行為を意味する用語であった。この意味での契約には，言語契約，文書契約，諾成契約，要物契約というジャンルがあり，そのいずれにもおいても当事者の合意が成立のために必要であった。ただ，ここでいう合意は，前にみた裸の合意（一定の方式を踏むことなく行われる合意）とは限らない。問答契約・文書契約においては，裸の合意のみならず，特定の方式を踏むことが求められた。また，要物契約にあっては，裸の合意に加え，一方が物の提供と

いう行為を行ってはじめて契約が成立するものとされていた。諾成契約（例えば，売買，賃貸借・雇用・請負，組合，委任）に関しては裸の合意だけで契約が成立した。ただ，ここでも，特定の型（つまり売買とか賃貸借といった型）にあてはまることをすることについての意思と意思との合致があることが求められた。近代になり，諾成契約の発想が一般化し，どのような内容であれ，またいかなる方式をとるのであれ，当事者が合意をしてさえすればそれだけで有効に契約が成立するという思想が広まった（いわゆる契約自由の原則）。これにより，当事者がどういう内容について合意したとしても，その合意通りの法的効果が付与される（その合意に反した行動を相手方がとった場合には，合意に従った行動をとることを求めて裁判所に訴えることができる）ことになった。

　以上の情報を踏まえて，契約法の領域で「合意のみ」で契約が成立するいうときそれが何を意味しているかまとめておこう。第一に，ここでいう「合意」とは無方式の合意（上の説明でいう裸の合意のこと）を意味している。したがって，ここでは，何らかの方式をとることは求められていない。第二に，その合意の内容がどういうものであるかについての規制はなく，原則として，当事者が望んだ通りの法的効果が発生するという点である。

　婚姻もまたしばしば合意のみで成立するとされるが，上記の二つの点は，婚姻においては話が異なっている。まず，婚姻における「合意」とは必ずしも無方式の合意を意味するものではない。確かにローマ教皇アレクサンダー3世の時期にあっては，当事者の無方式の合意により婚姻が成立することが認められた。しかし，その結果発生した秘密婚の問題により，トリエント公会議の結果，教会での挙式の中での合意によって婚姻が成立するものとされた。要するに要式性を具備した合意でないと婚姻は成立しないものとされたのである。この発想は，フランス革命後に編纂されたフランス民法にも引き継がれ，身分吏の前での挙式の中での合意によって婚姻が成立するものとされた。日本でも，旧民法にはこの発想が引き継がれ儀式婚主義が採用されたが，明治民法編纂過程の中で大きな簡略化と変質を経て，届出という手続だけが残された。これにより，婚姻の合意の要式性を論じることが非常に難しい状況となってしまった。

　法的効果についても婚姻と契約とで大きく異なる。婚姻の効果は当事者が自由に決めることができるものではない。例えば，子供が生まれても夫は養育の義務を負わないとか，夫はその子の父とはしないとか，夫婦相互の相続権はないものとするといった取り決めをしたとしても，その取り決め通りの法的効果

は認められない。契約の世界では，いわばアラカルトで，自分たちがどういう法的義務を負うことになるかを決めることができるが，婚姻の領域では，一つのコースメニューしかなく，その中の小皿を別のものに替えたり，あるいは食べないという選択もない。できることは，コースメニュー全部をパッケージとして受け入れ，食べるか，あるいはコースメニュー全部を拒絶するかしかないということである。

　なぜ婚姻と契約のこうした違いが生じるのであろうか。それはやはり，婚姻というものが次世代を生み出す役割を担っていることに求められるのではなかろうか。婚姻というものをこうした役割を果たすものとして考えるとき，その成立のためにはどういう合意が必要なのであろうか。単に当事者がそれを望んだからというだけではなく，社会の中での承認と，後戻りのできない形での関係形成をする両者のはっきりした意思の存在を担保するための一定の方式の遵守ということはやはり求められるのではないだろうか。

(6)　男女差別撤廃条約─国際的な動向との協調

　憲法24条1項に定めるような「合意のみ」で婚姻を成立させるという発想は，ヨーロッパ法の伝統を背景にしつつ，ヨーロッパの諸国で婚姻法の中核に置かれている。そして，この発想は今日さらに，国際的にもスタンダードなものとなっている。

　世界人権宣言16条2項は，「婚姻は，両当事者の自由かつ完全な合意によってのみ成立する。」(6) と定めている。市民的及び政治的権利に関する国際規約23条3項にも，「婚姻は，両当事者の自由かつ完全な合意なしには成立しない。」とある。上で引用した男女差別撤廃条約16条1項もこの流れを汲んだものである。

　それでは，こうした国連の一連の宣言や規約における婚姻の合意とは何なのか。そこに氏についての合意は含まれるのであろうか。この点については，上記引用の文言からは明らかではない。しかし，女子差別撤廃条約の一般勧告の中にその解釈が示されている。

---

(6)　Marriage shall be entered into only with the free and full consent of the intending spouses.

─── 一般勧告21号　Article 16(1)(g)24 ───

Moreover, each partner should have the right to choose his or her name, thereby preserving individuality and identity in the community and distinguishing that person from other members of society. When by law or custom a woman is obliged to change her name on marriage or at its dissolution, she is denied these rights.

さらに各パートナーは，共同体における個性及びアイデンティティーを保持し，社会の他の構成員と自己を区別するために，自己の姓を選択する権利を有するべきである。法もしくは慣習により，婚姻もしくはその解消に際して自己の姓の変更を強制される場合には，女性はこれらの権利を否定されている。

　この文言から，姓（氏）についてどうするかということと，婚姻の成立とは切り離されていることがわかる。つまり，氏についての合意もしないと，そもそも婚姻の合意もないのだという理解はしていないのである。したがって，婚姻についての合意に氏についての合意は含まれないというのがこの勧告における解釈といってよい。

(7)　ポイントの整理

　憲法24条1項の婚姻の合意とは何なのであろうか。これは，宮崎・宇賀両裁判官が考えるように「両当事者の終生的共同生活を目的とする結合として社会で自生的に成立し一定の方式を伴って社会的に認められた人間の営み」なのだろうか。それとも，深山・岡村・長嶺の三裁判官が考えるように「法律婚」なのだろうか。

　憲法24条1項の立法者意思に即して考えれば深山・岡村・長嶺の三裁判官の見解の方に軍配が上がりそうである。しかし，憲法24条1項の今日における目的というものをこれとは違う形で考える余地はあるし，再婚禁止期間を違憲とした判決の中で最高裁の大法廷の多数意見は，この条文を根拠として6ヶ月の再婚禁止期間を定めていた当時の民法733条は違憲であると判断したのである。

　しかし，立法者意思とは異なる法目的とは一体何なのであろうか。憲法24条1項と同様に婚姻が「合意のみ」で成立するとする国際条約は多数存在する。こうした条約の中での解釈に即した形で，憲法24条1項の法目的を設定していくことは一つの方向性としてあり得るだろう。この方向性を採用した場合，宮崎・宇賀両裁判官の見解の方が有利になるだろう。

　しかし，宮崎・宇賀両裁判官の見解には別の問題点も指摘できる。ヨーロッパの婚姻法においては，婚姻の成立における合意は，トリエント公会議以降は「裸の合意」であるとは理解されてきてはいない。ここでいう合意とは，一定の形式をもつかたちでなされるもの，すなわち，要式性要件を「合意」の中に内在させたものと理解されてきた。カノン法では，教会で行われる神父の前でなされた意思と意思の合致がここでいう「合意」であるとされてきたし，近代の民事婚の中でも，一定の儀式の中で行われる合意がここでいう合意であるとされてきた。つまり，婚姻の合意は一定の儀式の中でなされる合意と理解とされてきた。宮崎・宇賀両裁判官の見解では，婚姻の合意は裸の合意のことと理解されているように思える。そうであるとすると，婚姻の合意と，それに類する関係との境界がわかりにくくなってしまうという問題がでてくる。

　そうすると，やはり何らかの形式の遵守が必要ということには一定の説得力があるが，我が国でその形式性を求めるとなると，婚姻届というもの以外にはない。そうすると，婚姻届を（有効な形で）出すということで形成される合意こそが婚姻の合意であると理解する余地もあるのである。つまり，これが深山・岡村・長嶺の三裁判官の見解なのである。

　以上を踏まえて，読者のみなさんには，自分でいずれの判断に与（くみ）するかを考えてもらいたい。そこでは単にどちらかの同調するという態度をとるのではなく，自分がとった見解の説得力を増すような論拠を積極的にあげ，それとあわせて反対の見解を説得力をもった形で批判するような論拠をあげるようにしてもらいたい。

8．課題7：自分が最高裁の裁判官の一員となったつもりで意見を書いてみよう

　図Ⅲ-2-10のフローチャート（166頁）を見てもらいたい。そこに示されているように，抗告人の請求を認めるかどうかについては，三つの論点が問題となる。第1に本件規定が憲法24条1項に違反するかどうかである。これが肯定されても，それだけで当然に抗告人の請求が認められるわけではなく，論点2として，その場合にあって婚姻成立を認めることができるのかについて問題となる。論点1が否定された場合，論点3として本件規定が憲法24条2項に違反するかが問題となる。

　論点2をめぐっては，三浦裁判官と宮崎・宇賀両裁判官が対立している。三

浦裁判官は，夫婦別氏を認めない現行規定は憲法に違反すると考えている。その上で「本件各規定について，上記の違憲の問題があるとしても，婚姻の要件として，夫婦別氏の選択肢に関する法の定めがないことに変わりはない。……それらが一つの選択肢に限定する部分については違憲無効であるというにしても，それを超えて，他の選択肢に係る婚姻の効力及び届書の記載事項が当然に加えられると解することには無理がある。」と述べている。これに対し，宮崎・宇賀両裁判官は，「本件各規定のうち夫婦に同氏を強制し婚姻届に単一の氏の記載を義務付ける部分が違憲無効であるということになれば，本件処分は根拠規定を欠く違法な処分となり，婚姻の他の要件は満たされている以上，市町村長に本件処分をそのままにしておく裁量の余地はなく，本件婚姻届についても，婚姻届不受理処分が違法である場合の一般の審判と同様，届出の日付での受理を命ずる審判をすべきことになると考えられる。」と述べている。どちらの理解の方が妥当といえるのであろうか。図Ⅲ-2-5に示した婚姻成立に関するフローチャートを踏まえ，とりわけ体系性という基準への適合性という観点から考えてみよう。

　論点1で，本件規定が憲法24条1項に違反しないという結論を出した場合，同条2項に違反するかどうかが問題となる。この点をめぐっては，宮崎・宇賀裁判官の反対意見の31頁以降を読んだ上で，続いて平成27年大法廷判決の多数意見の6～8頁を読み，対立点を明確にした上で自分の意見を展開してみよう。

9．課題8：立法論を展開してみよう

　夫婦別姓に関しては，様々な立法論がこれまで提案されてきている。そのいくつかを紹介しよう。

(1)　民法の一部を改正する法律案要綱（1996年）

　1996年法制審議会は，夫婦別氏を認める内容をもつ民法改正案を作成した。その第三の1号には「夫婦は，婚姻の際に定めるところに従い，夫若しくは妻の氏を称し，又は各自の婚姻前の氏を称するものとする。」とある。また，2号では「夫婦が各自の婚姻前の氏を称する旨の定めをするときは，夫婦は，婚姻の際に，夫又は妻の氏を子が称する氏として定めなければならないものとする。」とある。

　2002年，自民党の高市早苗議員らは，上記の民法改正案に反対する立場から，

議員立法案として「婚姻前の氏の通称使用に関する法律案」を作成した。その法律案の目的として、「この法律は、「夫婦の氏が同一であること」を維持しつつ、婚姻前の氏を通称として称する機会を確保するため、戸籍に「婚姻前の氏を通称として使用する」旨を記載する制度を設けるとともに、国、地方公共団体、事業者その他公私の団体は婚姻により氏を改めた者が婚姻前の氏を通称として称するために必要な措置を講ずる責務を有すること等について定め、もって婚姻により氏を改めた者が不利益を被ることの防止及び婚姻前の氏の通称使用についての社会全体における統一性の確保に資することを目的とする。」が掲げられている。

(2)　憲法24条1項の改正案

　2012年に自民党が作成した憲法改正案の中に憲法24条の改正案も盛り込まれている。それは、従来の1項の前に新たな項を追加するというものである。これにより、従来の1項が2項となるとともに、一見些細なことではあるが、我々のテーマにとって重大な変更が加えられた。

自民党憲法改正案（2012）24条

1項　家族は、社会の自然かつ基礎的な単位として、尊重される。家族は、互いに助け合わねばならない。
2項　婚姻は、両性の合意に基づいて成立し、夫婦が同等の権利を有することを基本として、相互の協力により、維持されなければならない。

　現在の家族法は、夫婦を中核に置くという構成がとられているし、夫婦とその子が家族であるという理解がなされている。ところが、自民党案は、その夫婦についての規定の前にあえて家族を置いている。ここの家族とは、現代の通常の家族法における「家族」とは違うニュアンスがあるように思える。すなわち、戦前にはあったが、戦後の改革の中で廃止された家制度の復活を目ざしているようにも読める。

　また、憲法24条1項の改正案としての2項では、現在存在している「合意のみ」の「のみ」が落とされている。個人の合意というものを中心においた夫婦、そして家族制度というものを日本の伝統的家制度の方向へと回帰させようとする意図がここにあるといえよう。

(3)　整　理

　夫婦別氏をめぐる問題は，憲法24条1項（そしてそれと軌を一にする国際法規）と，民法と戸籍法（ここには戦前の家制度の残滓がある）との間に齟齬があるというところに問題の起点がある。一方は国際的潮流，他方は日本的伝統が背景にあり，またその対立がかなり根底的なところにまで及ぶものであるため，小手先の技術で解決できる問題でない。そのため，この問題の解決は司法部の判断だけで手に負えるものではなく，立法的解決が何らかの形で必要であることに疑問を差し挟む余地はない。

　立法的解決といっても，その方向性は真逆な二つの可能性がある。一つは，夫婦別姓を認めていくという方向である。この場合，民法・戸籍法の方を変えることになる。ここで忘れてはならないのは，この問題は婚姻しようとしている男と女だけの問題ではないということである。この夫婦から生まれてくるであろう子の問題も不可避的に絡んでくるのである。つまり，子の氏をどうするかという問題もあわせて立法していかねばならない。また，ヨーロッパ法の伝統は合意中心主義であるところ，民法・戸籍法はいわば届出中心主義をとっている。この齟齬も大きなものである。この部分を変えるということも視野に入れる必要がある。

　もう一つの方向は憲法を変えるという方向である。自民党の憲法改正案はまさしくこれを目指している。国際的潮流自体を変えることはできないので，日本としては，そこと距離をとるということも必要になる。合意を中心に置く婚姻法が国連の規約に規定されていることからすると，国連自体から距離をとることを意味する。

　どのような方向性をとるか，どのような改正をするか，そしてどうすればその理由を説得力ある形にすることができるか，自身で考えてみよう。

あ と が き

　法解釈学の中心は価値判断にある。これを学ぶ者は，自ら価値判断を行い自らの主張を展開する文章を書く練習をしなければならない。しかし，そのためには，法解釈学独特の思考ができるようにならねばならない。筆者は中央大学でローマ法を教える者であるが，その傍ら法学入門も15年ほど担当してきた。その中で，法律学を学び始めた者にとってこうした思考法の修得がいかに難しいか，そしてそれゆえに実に多くの人が挫折し法律学への関心を失っていく様をみてきた。そうした学生を少しでも減らしたいという思いで本書を出版する。

　実は筆者もそういう学生の一人であったが，たまたまローマ法という学問世界に触れ，そこに迷い込んだことにより，あらためて法解釈学と向き合うことになった。大学法学部の伝統の中では，ローマ法大全の学説彙纂（Digesta）の原典と格闘する中で，ローマ人がつくりあげた法解釈学の方法を身に付けさせてきたのである。私自身，ローマ法を専攻したことでそれと同じような体験をすることができた。これと同じ方法を今日の日本で行うことはもちろんできないが，現代風にアレンジしつつそのエッセンスを練習することは法律学の初学者にとって一定の有益性があるのではないかと思っている。

　本書の刊行にあたっては同僚の先生方から多数のご意見をいただいた。筆者の非力さ故にそのすべてを反映させることはできなかったが，ご協力いただいた方々には感謝を申し上げたい。また，本書の目指すところに本書がまだまだ到達し得ていないことは筆者自身痛感しているところである。読書のみなさんのご叱正を賜りたい。

　最後になったが，本書の刊行にあたっては，中央経済社の露本敦氏の一方ならぬご協力をいただいた。露本氏には，本書とあわせて『法学入門』，『法学部生のための小論文教室』の刊行にもご尽力をいただいた。この場を借りて感謝を申し上げたい。

参考文献

Ⅰ

田中成明『法的思考とはどのようなものか：実践知を見直す』（有斐閣，1989年）

青井秀夫『法理学概説』（有斐閣，2007年）

笹倉秀夫『法解釈講義』）（東京大学出版会，2009年）

ヘルムート・コーイング（松尾弘訳）『法解釈学入門』（慶應義塾大学出版会，2016年）

井田良，佐渡島紗織，山野目章夫『法を学ぶ人のための文章作法〔第 2 版〕』（有斐閣，2019年）

山下純司・島田聡一郎・宍戸常寿『法解釈入門：「法的」に考えるための第一歩〔第 2 版〕』（有斐閣，2020年）

津野義堂『法知の科学』（津野文庫，2020年）

Ⅱ

林修三『法令解釈の常識〔第 2 版〕』（日本評論社，1975年）

広中俊雄『民法解釈方法に関する十二講』（有斐閣，1997年）

前田達明「法解釈への提言：民法学において」同志社法学56巻 6 号（2005年）63頁

石部雅亮「法解釈方法の比較史」南山大学ヨーロッパ研究センター報16号（2010年） 1 頁

小室百合『法律の条文解釈入門』（信山社，2018年）

Ⅲ

（全般）

藤田宙靖『最高裁回想録：学者判事の七年半』（有斐閣，2012年）

藤田宙靖『裁判と法律学：『最高裁回想録』補遺』（有斐閣，2016年）

千葉勝美『判事がメガネをはずすとき：最高裁判事が見続けてきた世界』（日本評論社，2020年）

（第 1 章）

秋葉丈志『国籍法違憲判決と日本の司法』（信山社，2017年）

（第 2 章）

大島梨沙「「法律上の婚姻」とは何か（ 1 ～ 4 ）日仏法の比較研究」北大法学論集62巻 1 号・3 号・6 号（2011年）・64巻 2 号（2013年）

明日への選択編集部『「選択制だから問題ない」は本当?』（日本政策研究センター，2021年）

榊原富士子・寺原真希子（著，編集）『夫婦同姓・別姓を選べる社会へ』（恒春閣，2022年）

【著者紹介】

森　光（もり・ひかる）

1975年　熊本県に生まれる
1994年　熊本県立熊本高等学校卒業，中央大学法学部入学
2002年　中央大学法学部助手
2004年　中央大学法学部助教授
2009年　法学博士（中央大学）
2017年　中央大学法学部教授（ローマ法）

主要著書
『超然トシテ独歩セント欲ス　英吉利法律学校の挑戦』（中央大学出版部，2013年）
『ローマの法学と居住の保護』（中央大学出版部，2017年）
『法学入門』（共編）第4版（中央経済社，2023年）

法学部生のための法解釈学教室

2023年4月10日　第1版第1刷発行

著　者　森　　　　　光
発行者　山　本　　　継
発行所　㈱中　央　経　済　社
発売元　㈱中央経済グループ
　　　　パブリッシング

〒101-0051　東京都千代田区神田神保町1-31-2
電話　03 (3293) 3371（編集代表）
　　　03 (3293) 3381（営業代表）
https://www.chuokeizai.co.jp
印刷／三英印刷㈱
製本／㈲井上製本所

© 2023
Printed in Japan